•FONTANA•

RUBÉN DARÍO

AZUL...

EDICIÓN Y NOTAS:

JORGE GARZA CASTILLO

PRÓLOGO Y PRESENTACIÓN:

FRANCESC LL. CARDONA

Doctor en Historia y Catedrático

BookTrade

AZUL..., Rubén Darío

Prólogo / Presentación: Francesc Lluis Cardona
Edición y notas: Jorge Garza Castillo
Diseño gráfico / Ilustración portada: Daniel Jurado

Edita: Olmak Trade S.L.
C/ Roca Plana 1
08110 - Montcada i Reixac
Barcelona (España)

www.olmaktrade.com
info@olmaktrade.com

@O_BookTrade
#ClásicosFontana

Impreso en España / Printed in Spain

I.S.B.N: 978-84-10109-34-6
Depósito Legal: B 10068-2024

Estudio preliminar

El hombre, su mundo, su obra

Félix Rubén García Sarmiento vino al mundo el 18 de enero de 1867 en el pueblecito de Metapa (departamento de Nueva Segovia), Nicaragua, que en su honor se denominará más tarde Ciudad Darío. Fue bautizado en la catedral de León de aquel país, siendo su padrino el general Máximo Jerez, a quien más tarde el ilustre vate dedicaría uno de los poemas más inspirados de su adolescencia.

Sus padres se despreocuparon de su educación y una tía materna lo recogió en la ciudad guatemalteca de León y cuidó de él. En cuanto a inspiración poética fue muy precoz, alcanzando muy pronto justa fama de niño prodigio, a pesar de su descuidada formación escolar.

Inició su labor poética a los trece años y, al año siguiente, con el apoyo de destacados políticos liberales, ingresó en la Biblioteca Nacional de Nicaragua. En Managua se enamora de Rosario Murillo, pero para evitar un matrimonio prematuro sus amigos lo embarcan para El Salvador. Allí entra en contacto con Francisco Gavidia, quien le introduce en la poesía francesa romántica y parnasiana.

En 1884 regresa a su patria y al año siguiente reúne una primera obra antológica, Epístolas y Poemas, bajo el título de Primeras Notas (que según algunos biógrafos no publicará hasta más tarde con algunas variaciones de contenido, con el título de Primeras Poesías). En 1886 marcha a Chile. En Valparaíso se le abren las puertas del periodismo. Tras la experiencia de una mala novela, Emelina, todavía a la manera tradicional, publica Rimas, donde imita a Bécquer, libro al que siguen Canto Épico a las Glorias de Chile y Abrojos (1887).

Su auténtica fama de renovador llega por fin con Azul... (1888), obra considerada tradicionalmente como precursora del Modernismo. Vuelve a su tierra natal y después va a El Salvador, donde se casa con Rafaela Contreras (1890). El matrimonio tiene que abandonar el país por razones políticas, dirigiéndose a Guatemala y Costa Rica.

En 1892 viaja por primera vez a España como secretario de la delegación nicaragüense para las fiestas de la conmemoración del IV Centenario del Descubrimiento. A su regreso se entera de la muerte de su mujer, Rafaela Contreras, quien le había dado un hijo, y contrae matrimonio con su primer amor, Rosario Murillo. Se traslada a Buenos Aires como cónsul representante de Colombia, pero antes viaja a París y a Nueva York. En la capital Rioplatense se le reconoce como líder indiscutible del nuevo movimiento modernista. De 1896 son sus escritos teóricos: Los Raros, Los colores del estandarte y las «Palabras liminares» de sus Prosas Profanas, que vienen a ser un manifiesto del movimiento.

En 1898 fue enviado a España como corresponsal del diario La Nación de Buenos Aires. En un año tan crucial, muchos de sus artículos serán recopilados después en su libro España Contemporánea. Así entra en contacto con los nuevos valores y la nueva y después famosa generación española de fin de siglo: Benavente, los hermanos Machado, Unamuno, Azorín, Baroja, Villaespesa, Valle-Inclán y el «benjamín» Juan Ramón Jiménez. En Madrid conoce a Francisca Sánchez, de la que se enamora. En 1900, con motivo de la Exposición Internacional, va a París como corresponsal de La Nación. Visita, acto seguido, varios países de la Europa Occidental y vuelve a la ciudad del

Sena, donde se reúne con Francisca Sánchez, que será su definitiva compañera sentimental.

Se suceden entonces nuevos viajes por Europa y el Norte de África (1903), y una estancia más larga en París como cónsul de su patria (1903-1907). En 1905 aparece su libro de poemas Cantos de Vida y Esperanza, quizá lo mejor de su producción. Al año siguiente publica Opiniones sobre la vida literaria de su época. Su visión es madura y objetiva. Ese mismo año es nombrado secretario de la delegación nicaragüense para la Conferencia Panamericana de Río de Janeiro, y de la capital brasileña se traslada a Buenos Aires, donde sufre los primeros síntomas de la enfermedad que le llevará al sepulcro.

El ideal panamericano atrae a nuestro poeta y lo plasma en «Salutación al Águila», poema en el que el águila y el cóndor de las américas aparecen pacíficamente hermanados. También en 1906 publica un breve volumen que titula Oda a Mitre, gran organizador de la cultura iberoamericana, texto que volverá a editar en El Canto Errante (1907), su nueva colección poética.

En 1907 regresa a Europa y descansa en Palma de Mallorca. En Madrid interviene como miembro de la comisión de límites de su país y Honduras. Vuelve a Nicaragua para realizar los trámites de su divorcio. Se le recibe en triunfo, hasta el punto de que su país dicta una ley sólo para que pueda ser efectiva la demanda de divorcio por causa de larga separación, pero Rosario Murillo pleitea y afirma que ha vivido con él en París.

En 1908 Francisca Sánchez le da su tercer hijo, Rubén Darío Sánchez, fallecidos de meses los otros dos. Es nombrado entonces embajador de Nicaragua en Madrid.

Viaja a París, a México (1910) con motivo de las fiestas de su centenario; nuevamente en París (1911), edita las revistas Mundial y Elegancias…, siguen sus incesantes viajes: España, Brasil, Uruguay, Argentina,… en donde publica su autobiografía Caras y caretas, para volver después a París.

A partir de 1913 se instala en Mallorca, donde escribe «La Cartuja», «Valldemosa» y las «Danzas» que se incluirán después en Canto a la Argentina y otros poemas (Madrid, 1914). En 1914 vive en Barcelona con Francisca Sánchez y su hijo, hasta que, en octubre de ese año, se deja convencer por sus amigos pacifistas para dar una conferencia en los Estados Unidos contra la reciente Gran Guerra.

Sólo puede dar dos. En 1915 guardó cama con pulmonía doble, bajo de defensas tras un ataque de delirium tremens, producto de una afición al alcohol que arrastraba desde su adolescencia y de los «paraísos artificiales» que su vida errante le proporcionó de forma harto fácil. Convaleciente, marchó a la campiña de su país para reponerse. Pero tras unos meses de descanso se le diagnosticó una cirrosis irreversible y su mujer legítima, Rosa Murillo, se lo llevó a Nicaragua, donde fue operado por dos veces inútilmente, falleciendo el 6 de febrero de 1916.

El gobierno de su país decretó duelo nacional y la ceremonia del entierro, con honores de ministro, se celebró en la catedral nicaragüense de León.

Estudio especial de la obra poética

Dejando aparte su obra en prosa representada por los cuentos incluidos en Azul…, las semblanzas literarias: Los raros (1896), España contemporánea (1901), La caravana pasa (1903), Tierras solares (1904) y Opiniones (1906), es tan variopinto el acervo de su obra poética que profundizaremos sólo en sus obras más significativas.

Sus Primeras Poesías fueron en parte de circunstancias, versos galantes en albúmenes y «abanicos», homenajes, comentarios poéticos a algún suceso, etc. Existen también versos políticos, influidos por el ambiente liberal entonces en boga, algunos dedicados a los periódicos de la época, a la unidad centroamericana, al Libertador Bolívar, versos de aire anticlerical como «Al Papa», «El Jesuita», etcétera.

Los poetas franceses como Víctor Hugo, Camille Flammarion, Catulle Mendès y otros parnasianos, no son ajenos en el estilo rubendariano de este período, como no lo son tampoco los españoles Campoamor, Zorrilla y Bécquer, en especial en sus Abrojos y Rimas (1887). Algunas de sus composiciones anuncian ya el Modernismo, por ejemplo «Serenatas», con su lujo exótico y artificiosos adornos; o las enumeraciones de exquisiteces de «A Mercedes García» y de «Miel». Se han de considerar también modernistas las comparaciones, de las diferentes damas a las que canta, con las esculturas de la antigüedad. En el Canto épico a las glorias de Chile, premiado en el certamen Varela (1887), su fervor sudamericano preludia composiciones posteriores.

Azul...

El escritor se consagra con este libro como gran innovador, cumplidos ya los veinte años. Sus cuentos y poemas reflejan su concepción panteísta de la naturaleza, el sensualismo, así como la nueva sensibilidad de sus recursos expresivos. Junto con sus mejores poemas: «Primaveral», «Estival», «Autumnal» e «Invernal», sobresalen los Sonetos y los Medallones.

Se trata de la nueva estética modernista, de la que fue quizás el representante más conspicuo, pero no el primero, como él mismo pretendía, sino que los auténticos precursores fueron el nacionalista revolucionario cubano José Martí (1853-1895) y el mexicano Manuel Gutiérrez Nájera (1859-1895), ambos prosistas y poetas. De ellos parten las dos corrientes en las que para algunos autores se bifurca el Modernismo: la clásica (Martí) y la afrancesada (Gutiérrez Nájera).

En Azul…, Rubén revitaliza el romance y utiliza gran cantidad de heptasílabos, octosílabos y, sobre todo, endecasílabos. Se hallan también seis sonetos en alejandrinos, entre los que destaca el famoso «Caupolicán», que evoca la fuerza y la fiereza del caudillo araucano. Sea como fuere, todavía la mejor innovación del escritor se halla en los cuentos en prosa, que influyen en gran manera a los modernistas posteriores por su lenguaje poético lleno de cromatismo.

Es en la segunda edición de Azul… cuando la renovación llega ya plenamente al verso. Toda una serie de poemas añadidos reflejan la influencia francesa, en especial parnasiana, como el dedicado a Catulle Mendès, poeta francés (1841-1909) fundador del Parnasse Contemporain (1866).

Legado poético y trascendencia

La influencia de Rubén Darío en toda la literatura castellana de la época fue extraordinaria. El Modernismo se consolida a partir de él en las letras hispanoamericanas, y concentra los esfuerzos creativos de diferentes autores en mayor o menor grado: el boliviano Ricardo Freyre; los uruguayos Julio Herrera y Reissig y Delmira Agustini; los mexicanos Ramón López Velarde y Amado Nervo; el peruano José María Eguren; el guatemalteco Enrique Gómez Carrillo; el argentino Leopoldo Lugones; y en el uruguayo e ideólogo Enrique Rodó, a quien dedicara los Cantos de Vida y Esperanza, que influyó a su vez en el pensamiento político americanista de Rubén.

La denuncia del colonialismo económico del Norte halla una constante resonancia en la novelística de Miguel Ángel Asturias; en Yo también canto a América de Rafael Alberti; en Prisión verde del hondureño Ramón Amaya Amador; en Luna Verde del panameño Joaquín Beleño;

en Cien años de soledad de García Márquez; en El recurso del método de Alejo Carpentier…

Por su parte, el magisterio de nuestro poeta fue reconocido por escritores de la talla de Juan Ramón Jiménez o Antonio Machado. Rubén Darío se anticipó a sí mismo, pues ya preexistía, en varios de los pasajes de su obra de adolescente y juvenil, la estética trascendental de Prosas Profanas y de Cantos de Vida y Esperanza, así como una melancólica visión del mundo propia de sus últimas composiciones.

La «Marcha Triunfal», modelo de ornamentación y musicalidad, escrita en Buenos Aires en 1895, posee sus antecedentes en el «Himno de Guerra» que el propio Rubén había compuesto diez años antes, así como en numerosos pasajes épicos y descriptivos anteriores a Azul…

El «Salmo de la Pluma» (1888), inconcluso, indica que el metro singular de «Responso a Verlaine» (1896) y el del «En Elogio a Fray Mamerto Ezquiú», arzobispo de Córdoba, escrito en el mismo año, ya pertenecía al acervo compositor del poeta. Los ejemplos citados, y otros muchos, testimonian la inspiración precursora de Rubén, que moldearía más tarde después de su estancia en París.

Darío escribe en español, sufre la influencia francesa, italiana o inglesa, pero, sobre todo, lleva en sus venas el americanismo autóctono. Errante por el mundo, vuelve a morir a su patria, con quien desea confundirse en su último abrazo. Fue el gran precursor cuyo relevo recogió Huidobro, Neruda y Cruchaga Santa María en Chile; César Vallejo en Perú; Lezama Lima en Cuba; y el genial Octavio Paz en México; entre otros muchos y junto a los ya citados anteriormente.

Darío fue el gran revolucionario de las letras hispanoamericanas sin olvidar a los predecesores ya citados, al compás de las revoluciones sociopolíticas que con mayor o menor fortuna se operaban en su hábitat iberoindígena, desde Río Grande (influencia que llega mucho más al norte) hasta Tierra de Fuego. Entre Baudelaire y Rimbaud, prefirió a Verlaine, a Reigner, a Leconte de Lisle. ¿Qué tomó Rubén del movimiento simbolista europeo, o que llegó a éste? En la actualidad se prefiere hablar de afinidad, tal como se refleja en el «Coloquio de los Centauros», con símbolos afines a las Correspondencias de Baudelaire. Darío ya había recogido en su «Coloquio», y sin dependencias, todo lo que el famoso francés quiso expresar con desgarrado y misterioso acento.

Cada poeta, cada escritor hace y posee su propia literatura sin necesidad de expresar en «manifiestos» lo que quiere que hagan sus seguidores, tal como reflejó Rubén en el prólogo de Prosas Profanas. La Literatura es, como tal, algo preexistente en el tiempo que sólo pueden aprehenderla los elegidos.

Algunos siguieron servilmente a Darío, pero otros recogieron sus recomendaciones y crearon su propio lenguaje. Son los Juan Ramón Jiménez y Antonio Machado, pero también los Leopoldo Lugones, Enrique Banchs, Herrera y Ressig, Gabriela Mistral y un largo etcétera que empalmó con las nuevas generaciones.

Rubén liberó a España de convencionalismos neoclásicos y de trasnochados romanticismos poéticos, y en el Nuevo Continente, en su territorio latino, hizo lo propio. Los Varela, Valle-Inclán, Azorín, Unamuno, etc., jamás negaron al poeta nicaragüense la calidad de precursor.

Unamuno clamó por la europeización de España, y Darío, antes de que el profesor salmantino lo pidiera, cambió la lanza y el yelmo cervantino de Don Quijote por una «letanía de Esperanza». Una esperanza auténtica por encima de convencionalismos y fanfarrias que debiera proyectarse a través del Océano con sinceridad, más allá del año 2000 y de trasnochados «encuentros», tras un manoseado y desvirtuado Quinto Centenario.

Francesc Lluis Cardona

Carta-prólogo de Juan Valera*

A Don Rubén Darío

Madrid, 22 de octubre de 1888

I

Todo libro que desde América llega a mis manos excita mi interés y despierta mi curiosidad; pero ninguno hasta hoy la ha despertado tan viva como el de usted, no bien comencé a leerlo.

Confieso que al principio, a pesar de la amable dedicatoria con que usted me envía un ejemplar, miré el libro con indiferencia… casi con desvío. El título: *Azul…* tuvo la culpa.

Víctor Hugo dice: *L'Art c'est l'azur*; pero yo no me conformo ni me resigno con que tal dicho sea muy profundo y hermoso. Para mí, tanto vale decir que el arte es lo azul, como decir que es lo verde, lo amarillo o lo rojo. ¿Por qué, en este caso, lo azul (aunque en francés, no sea *bleu*, sino *azur*, que es más poético) ha de ser cifra, símbolo y superior predicamento que abarque lo ideal, lo etéreo, lo infinito, la serenidad del cielo sin nubes, la luz difusa, la amplitud vaga y sin límites, donde nacen, viven, brillan y

* Esta «Carta-prólogo» apareció -según lo aclara luego Darío- en la sección Cartas Americanas de Los lunes del Imparcial. Todas las citas pertenecen a la primera edición de Azul..., que posteriormente Darío fue corrigiendo hasta llegar a la versión definitiva. Por lo tanto, dichas citas pueden no ser coincidentes.

se mueven los astros? Pero aunque todo esto y más surja del fondo de nuestro ser y aparezca a los ojos del espíritu, evocado por la palabra azul, ¿qué novedad hay en decir que el arte es todo esto? Lo mismo es decir que el arte es imitación de la Naturaleza, como lo definió Aristóteles: la percepción de todo lo existente y de todo lo posible, y de su reaparición o representación por el hombre en signos, letras, sonidos, colores o líneas. En suma: yo, por más vueltas que le doy, no veo en eso de que *el arte es lo azul* sino una frase enfática y vacía.

Sea, no obstante, el arte *azul*, o del color que se quiera. Como sea bueno, el color es lo que menos importa. Lo que a mí me dio mala espina fue la frase de Víctor Hugo, y el que usted hubiese dado por título a su libro la palabra fundamental de la frase. ¿Si será éste, me dije, uno de tantos y tantos como por todas partes, y sobre todo en Portugal y en la América española, han sido inficionados por Víctor Hugo? La manía de imitarle ha hecho verdaderos extraños, porque la atrevida juventud exagera sus defectos, y porque eso se llama *genio*, y que hace que los defectos se perdonen y tal vez se aplaudan, no se imita cuando no se tiene. En resolución, yo sospeché que era usted un Víctor Hugo y estuve más de una semana sin leer el librito de usted.

No bien le he leído, he formado muy diferente concepto. Usted es usted con gran fondo de originalidad y de originalidad muy extraña. Si el libro, impreso en Valparaíso este año de 1888, no estuviese en muy buen castellano, lo mismo podría ser de un autor francés, que de un italiano, que de un turco o de un griego. El libro está impregnado de espíritu cosmopolita. Hasta el nombre y apellido del autor, verdaderos o contrahechos y fingidos, hacen que el cosmopolitismo resalte más. Rubén es judaico, y persa es Darío, de suerte que por los nombres no parece sino que usted quiere ser o es de todos los países, castas y tribus.

El libro *Azul...* no es en realidad un libro: es un folleto; pero tan lleno de cosas y escrito con estilo tan conciso, que da no poco en qué pensar y tiene bastante que leer. Desde luego se conoce que el autor es muy joven: que no puede tener más de veinticinco años, pero que los ha aprovechado maravillosamente. Ha aprendido muchísimo, y en todo lo que sabe y expresa mucstra singular talento artístico y poético.

Sabe con amor la antigua literatura griega; sabe de todo lo moderno europeo. Se entrevé, aunque no hace gala de ello, que tiene el concepto cabal del mundo visible y del espíritu humano, tal como este concepto ha venido a formarse por el conjunto de observaciones, experiencias, hipótesis y teorías más recientes. Y se entrevé también que todo esto ha penetrado en la mente del autor, no diré exclusivamente, pero sí principalmente, a través de libros franceses. Es más: en los perfiles, en los refinamientos, en las exquisiteces del pensar y del sentir del autor hay tanto de francés, que yo forjé una historia a mi antojo para explicármelo. Supuse que el autor, nacido en Nicaragua, había ido a París a estudiar para médico o para ingeniero, o para otra profesión; que en París había vivido seis o siete años con artistas, literatos, sabios y mujeres alegres de por allá; y que mucho de lo que sabe lo había aprendido de viva voz y empíricamente con el trato y roce de aquellas personas. Imposible me parecía que de tal manera se hubiese impregnado el autor del espíritu parisiense novísimo sin haber vivido en París durante años.

Extraordinaria ha sido mi sorpresa cuando he sabido que usted, según me aseguran sujetos bien informados, no ha salido de Nicaragua sino para ir a Chile, en donde reside hace dos años a lo más. ¿Cómo, sin el influjo del medio ambiente, ha podido usted asimilarse todos los elementos del espíritu francés, si bien conservando española la forma que aúna y organiza estos elementos, convirtiéndolos en sustancia propia?

Yo no creo que se ha dado jamás caso parecido con ningún español peninsular. Todos tenemos un fondo de españolismo que nadie nos arranca ni a veinticinco tirones. En el famoso abate Marchena, con haber residido tanto tiempo en Francia, se ve el español; en Cienfuegos es postizo el sentimentalismo empalagoso a lo Rousseau, y el español está por bajo. Burgos y Reinoso son afrancesados y no franceses. La cultura de Francia, buena o mala no pasa nunca de la superficie. No es más que un barniz trasparente, detrás del cual se descubre la condición española.

Ninguno de los hombres de letras de la Península, que he conocido yo, con más espíritu cosmopolita, y que más largo tiempo han residido en Francia y que han hablado mejor el francés y otras lenguas extranjeras, me ha parecido nunca tan compenetrado del espíritu de Francia como usted me parece: ni Galiano, ni don Eugenio de Ochoa, ni Miguel de los Santos Álvarez. En Galiano había como una mezcla de anglicismo y de filosofismo francés del siglo pasado; pero todo sobrepuesto y no combinado con el ser de su espíritu, que era castizo. Ochoa era y siguió siendo siempre archi y ultraespañol, a pesar de su entusiasmo por las cosas de Francia. Y en Álvarez, en cuya mente bullen las ideas de nuestro siglo, y que ha vivido años en París, está arraigado el ser del hombre de Castilla, y en su prosa recuerda el lector a Cervantes y a Quevedo, y en sus versos a Garcilaso y a León, aunque así en versos como en prosa imita él siempre ideas más propias de nuestro siglo que de los que pasaron. Su chiste no es el *sprit* francés, sino el *humor* español de las novelas picarescas y de los autores cómicos de nuestra peculiar literatura.

Veo, pues, que no hay autor en castellano más francés que usted, y lo digo para afirmar un hecho sin elogio y sin censura. En todo caso, más bien lo digo como elogio. Yo no quiero que los autores no tengan carácter nacional; pero yo no puedo exigir de usted que sea nicaragüense porque no hay ni puede haber aún historia literaria, escuela y tradiciones literarias en Nicaragua. Ni puedo exigir de usted que sea literalmente español, pues ya no lo es políticamente, y está además separado de la madre patria por el Atlántico, y más lejos, en la República donde ha nacido, de la influencia española, que en otras repúblicas hispanoamericanas. Estando así disculpado el galicismo de la mente, es fuerza dar a usted alabanzas a manos llenas por lo perfecto y profundo de ese galicismo; porque el lenguaje persiste español legítimo y de buena ley, y porque si no tiene usted carácter nacional, posee carácter individual.

En mi sentir hay en usted una poderosa individualidad de escritor, ya bien marcada, y que, si Dios da a usted la salud que yo le deseo y larga vida, ha de desenvolverse y señalarse más con el tiempo en obras que sean gloria de las letras hispanoamericanas.

Leídas las páginas de *Azul...*, lo primero que se nota es que está saturado de toda la más flamante literatura francesa: Hugo, Lamartine, Musset, Baudelaire, Leconte de Lisle, Gautier, Bourget, Sully-Proudhomme, Daudet, Zola, Barbey d'Aurevilly, Catulle Mendès, Rollinat, Goncourt, Flaubert, y todos los demás poetas y novelistas han sido por usted bien estudiados y mejor comprendidos. Y usted no imita a ninguno: ni es usted romántico, ni naturalista ni neurótico, ni decadente, ni simbólico, ni parnasiano. Usted lo ha revuelto todo: lo ha puesto a cocer en el alambique de su cerebro, y ha sacado de ello una rara quintaesencia.

Resulta de aquí un autor nicaragüense, que jamás salió de Nicaragua sino para ir a Chile, y que es autor tan a la moda de París y con tanto *chic* y distinción, que se adelanta a la moda y pudiera modificarla e imponerla.

En el libro hay *Cuentos en prosa* y seis composiciones en verso. En los cuentos y en las poesías todo está cincelado, burilado, hecho para que dure, con primor y esmero, como pudiera haberlo hecho Flaubert, o el parnasiano más atildado. Y, sin embargo, no se nota el esfuerzo ni el trabajo de la lima, ni la fatiga del rebuscador; todo parece espontáneo y fácil y escrito al correr de la pluma, sin mengua de la concisión, de la precisión y de la extremada elegancia. Hasta las rarezas extravagantes y salidas de tono, que a mí me chocan, pero que acaso agraden en general, están hechas adrede. Todo en el librito está meditado y criticado por el autor, sin que su crítica previa o simultánea de la creación perjudique al brío apasionado y a la inspiración del que crea.

Si se me preguntase qué enseña su libro de usted y de qué trata, respondería yo sin vacilar: no enseña nada, y trata de nada y de todo. Es obra de artista, obra de pasatiempo, de mera imaginación. ¿Qué enseña o de qué tratan un dije, un camafeo, un esmalte, una pintura o una linda copa esculpida?

Hay, sin embargo, notable diferencia en toda escultura, pintura, dije y hasta música, y cualquier objeto de arte cuyo *material* es la palabra. El mármol, el bronce y el sonido no diré yo que sutilizando mucho no puedan significar algo de por sí; pero la palabra no sólo puede significar sino que forzosamente significa ideas, sentimientos, creencias, doctrinas y todo el pensamiento humano. Nada más factible, a mi ver (acaso porque soy poco agudo), que una bella estatua, un lindo dije, un cuadro primoroso, sin trascendencia o sin símbolos; pero ¿cómo escribir un cuento o unas coplas sin que deje ver el autor lo que niega, lo que afirma, lo que piensa y lo que siente? El pensamiento en todas partes pasa con la forma desde la mente del artista a la sustancia o materia del arte; pero en el arte de la palabra, además del pensamiento que posee el arte en la forma, la sustancia o materia del artista es pensamiento también y pensamiento del artista. La única materia extraña al artista es el Diccionario, con las reglas gramaticales que siguen las voces en su combinación; pero como ni palabras ni combinaciones de palabras pueden darse sin sentido, de aquí que materia y forma sean en poesía y en prosa creación del escritor o del poeta; sólo quedan fuera de él, digámoslo así, los signos hueros, o sea abstrayendo lo significado.

De esta suerte se explica cómo con ser su libro de usted de pasatiempo, y sin propósito de enseñar nada, en él se ven patentes las tendencias y los pensamientos del autor sobre las cuestiones más trascendentales. Y justo es que confesemos que los dichos pensamientos no son ni muy edificantes ni muy consoladores.

La ciencia de experiencia y observación ha clasificado cuanto hay, y ha hecho de ello hábil inventario. La crítica histórica, la lingüística y el estudio de las capas que forman la corteza del globo, han descubierto bastante de los pasados hechos humanos que antes se ignoraban, de los astros que brillan en la extensión del éter se sabe muchísimo; el mundo de lo imperceptiblemente pequeño se nos ha revelado merced al microscopio, hemos averiguado cuántos ojos tiene tal insecto y cuántas patitas tiene tal otro; sabemos ya de qué elementos se componen los tejidos orgánicos, la sangre de los animales y el jugo de las plantas; nos hemos aprovechado de agentes que antes se substraían al poder humano, como la electricidad; y gracias a la estadística, llevamos minuciosa cuenta de cuánto se engendra y de cuánto se devora, y si ya no se sabe, es de esperar que pronto se sepa la cifra exacta de los panecillos, del vino y de la carne que se come y se bebe la humanidad de diario.

No es menester acudir a sabios profundos: cualquier sabio adocenado y medianejo de nuestra edad conoce hoy, clasifica y ordena los fenómenos que hieren los sentidos corporales, auxiliados estos sentidos por instrumentos poderosos que aumentan su capacidad de percepción. Además se han descubierto, a fuerza de paciencia y de agudeza, y por virtud de la dialéctica y de las matemáticas, gran número de leyes que dichos fenómenos siguen.

Natural es que el linaje humano se haya ensoberbecido con tamaños descubrimientos e invenciones; pero no sólo en torno y fuera de la esfera de lo conocido y circunscribiéndola, sino también llenándola en lo esencial y sustancial, queda un infinito inexplorado, una densa e impenetrable oscuridad, que parece más tenebrosa por la misma contraposición de la luz con que ha bañado la ciencia la pequeña suma de cosas que conoce. Antes, ya las religiones con sus dogmas que aceptaban la fe, ya la especulación metafísica con la gigante máquina de sus brillantes sistemas, encubrían esa inmensidad incognoscible, o la explicaban y la daban a conocer a su modo. Hoy priva el empeño de que no haya ni metafísica ni religión. El abismo de lo incognoscible queda así descubierto y abierto; y nos atrae y nos da vértigo, y nos comunica el impulso, a veces irresistible, de arrojarnos en él.

La situación, no obstante, no es incómoda para la gente sensata de cierta ilustración y fuste. Prescinden de lo trascendente y de lo sobrenatural para no calentarse la cabeza ni perder el tiempo en balde. Esta inclinación les quita no pocas aprensiones y cierto miedo, aunque a veces les infunde otro miedo y sobresalto fastidiosos. ¿Cómo contener a la plebe, a los menesterosos, hambrientos e ignorantes, sin ese freno que ellos han desechado con tanto placer? Fuera de este miedo que experimentan algunos sensatos, en todo lo demás no ven sino motivo de satisfacción y parabienes.

Los insensatos, en cambio, no se aquietan con el goce del mundo, hermoseado por la industria e inventiva humanas, ni con lo que se sabe, ni con lo que se fabrica, y anhelan averiguar y gozar más.

El conjunto de los seres, el Universo, todo cuanto alcanzan a percibir la vista y el oído, ha sido, como idea, coordinado metódicamente en una anaquelería o casillero para que se comprenda mejor; pero ni este orden científico, ni el orden natural, tal como los insensatos le ven, les satisface. La molicie y el regalo de la vida moderna los han hecho muy descontentadizos.

Y así ni del mundo tal como es, ni del mundo tal como lo concebimos, se forman idea muy aventajada. Se ve en todo faltas, y no se dice lo que dicen que dijo Dios: *Que todo era bueno.* La gente se lanza con más frecuencia que nunca a decir que todo es malo; y en vez de atribuir la obra a un artífice inteligentísimo y supremo, la supone obra de un puritano inconsciente de fabricar cosas que hay *ab æterno* en los átomos, los cuales tampoco se sabe a punto fijo lo que sean.

Los dos resultados principales de todo ello en la literatura de última moda, son:

1º Que se suprima a Dios o que no se le miente, sino para insolentarse con Él, ya con reniegos y maldiciones, ya con burlas y sarcasmos; y

2º Que en este infinito tenebroso e incognoscible perciba la imaginación, así como en el éter, nebulosas o semilleros de astros, fragmentos y escombros de religiones muertas, con los cuales procura formar algo nuevo como ensayo de nuevas creencias y de renovadas mitologías.

Estos dos rasgos van impresos en su librito de usted:

El pesimismo, como remate de toda descripción de lo que conocemos, y la poderosa y lozana producción de seres fantásticos, evocados o sacados de las tinieblas de lo incognoscible, donde vagan las ruinas de las destrozadas creencias y supersticiones vetustas.

Ahora será bien que yo cite muestras y pruebe que hay en su libro de usted, con notable elegancia, todo lo que afirmo; pero esto requiere segunda carta.

II

En la cubierta del libro que me ha enviado usted veo que ha publicado ya, o anuncia la publicación de otros varios, cuyos títulos son: *Epístolas y poemas, Rimas, Abrojos, Estudios críticos, Álbumes y abanicos, Mis conocidos* y *Dos años en Chile*. Anuncia también dicha cubierta que prepara usted una novela, cuyo título nos da en las narices del alma (pues si hay ojos del alma o tiene el alma ojos, bien puede tener narices), con su tufillo a pornografía. La novela se titula: La carne.

Nada de esto, con todo, me sirve hoy para juzgar a usted, pues yo nada de esto conozco. Tengo que contraerme al libro *Azul*...

En este libro no sé qué debo de preferir: si la prosa o los versos. Casi me inclino a ver mérito igual en ambos modos de expresión del pensamiento de usted. En la prosa hay más riqueza de ideas; pero es más afrancesada la forma. En los versos, la forma es más castiza. Los versos de usted se parecen a los versos españoles de otros autores, y no por eso dejan de ser originales; no recuerdan a ningún poeta español, ni antiguo, ni de nuestros días.

El sentimiento de la Naturaleza raya en usted en adoración panteísta. Hay en las cuatro composiciones a (más bien en) las cuatro estaciones del año, la más gentílica exuberancia de amor sensual, y, en este amor, algo de religioso.

Cada composición parece un himno sagrado a Eros, himno que, a las veces, en la mayor explosión de entusiasmo, el pesimismo viene a turbar con la disonancia, ya de un ay de dolor, ya de una carcajada sarcástica. Aquel sabor amargo, que brota del centro mismo de todo deleite, y que tan bien experimentó y expresó el ateo Lucrecio,

... medio de frute leporum
Surgit amari aliquid, quod in ipsis floribus angat,

acude a menudo a interrumpir lo que usted llama

«La música triunfante de mis rimas.»

Pero como en usted hay de todo, noto en los versos, además del ansia del deleite y además de la amargura de que habla Lucrecio, la sed de lo eterno, esa aspiración profunda e insaciable de las edades cristianas, que el poeta pagano quizá no hubiera comprendido.

Usted siempre pide más al hada, y…

«El hada entonces me llevó hasta el velo
que nos cubre las ansias infinitas,
la inspiración profunda
y el alma de las liras.
Y lo rasgó. Y allí todo era aurora.»

Pero aun así, no se satisface el poeta, y pide más al hada.

Tiene usted otra composición, la que lleva por título la palabra griega Anagke, donde el cántico de amor acaba en un infortunio y en una blasfemia. Suprimiendo la blasfemia final, que es burla contra Dios, voy a poner aquí el cántico casi completo.

«Y dijo la paloma:
—Yo soy feliz. Bajo el inmenso cielo,
en el árbol en flor, junto a la poma
llena de miel, junto al retoño suave
y húmedo por las gotas de rocío,
tengo mi hogar. Y vuelo
con mis anhelos de ave,
del amado árbol mío
hasta el bosque lejano,
cuando al himno jocundo

del despertar de Oriente,
sale el alba desnuda y muestra al mundo
el pudor de la luz sobre su frente.
Mi ala es blanca y sedosa;
la luz la dora y baña
y céfiro la peina;
son mis pies como pétalos de rosa.
Soy una dulce reina
que arrulla a su palomo en la montaña.
En el fondo del bosque pintoresco
está el alerce en que formé mi nido;
y tengo allí, bajo el follaje fresco,
un polluelo sin par, recién nacido.
Soy la promesa alada,
el juramento vivo;
soy quien lleva el recuerdo de la amada
para el enamorado pensativo;
yo soy la mensajera
de los tristes y ardientes soñadores,
que va a revolotear diciendo amores
junto a una perfumada cabellera.
Soy el lirio del viento.
Bajo el azul del hondo firmamento
muestro de mi tesoro bello y rico
las preseas y galas:
el arrullo en el pico,
la caricia en las alas.
Yo despierto a los pájaros parleros
y entonan sus melódicos cantares;
me poso en los floridos limoneros
y derramo una lluvia de azahares.
Yo soy toda inocente, toda pura.
Yo me esponjo en las ansias del deseo,
y me estremezco en la íntima ternura
de un roce, de un amor, de un aleteo.

¡Oh inmenso azul! Yo te amo. Porque a Flora
das la lluvia y el sol siempre encendido:
porque siendo el palacio de la aurora,
también eres el techo de mi nido.
¡Oh inmenso azul! Yo adoro
tus celajes risueños,
y esa niebla sutil de polvo de oro
donde van los perfumes y los sueños.
Amo los velos tenues, vagorosos,
de las flotantes brumas,
donde tiendo a los aires cariñosos
el sedeño abanico de mis plumas.
¡Soy feliz! Porque es mía la floresta
donde el misterio de los aires se halla;
porque el alba es mi fiesta
y el amor mi ejercicio y mi batalla.
Feliz, porque de dulces ansias llena,
calentar mis polluelos es mi orgullo;
porque en las selvas vírgenes resuena
la música celeste de mi arrullo;
¡porque no hay una rosa que no me ame,
ni pájaro gentil que no me escuche,
ni garrido cantor que no me llame!
—¿Sí? —dijo entonces un gavilán infame,
y con furor se la metió en el buche.»

Suprimo, como dije ya, los versos que siguen y que no pasan de ocho, donde se habla de la risa que le dio a Satanás de resultas del lance y de lo pensativo que se quedó el Señor en su trono.

Entre las cuatro composiciones en las estaciones del año, todas bellas y raras, sobresale la del verano. Es un cuadro simbólico de los dos polos sobre los que rueda el eje de la vida: el amor y la lucha, el prurito de destrucción y el de reproducción. La tigre virgen en celo está magistralmente pintada, y mejor aún acaso el tigre galán y robusto que llega y la enamora:

«Al caminar se vía
su cuerpo ondear, con garbo y bizarría.
Se miraban los músculos hinchados
debajo de la piel. Y se diría
ser aquella alimaña
un rudo gladiador de la montaña.
Los pelos erizados
del labio relamía. Cuando andaba
con su peso chafaba
la hierba verde y muelle,
y el ruido de su aliento semejaba
el resollar de un fuelle.»

Síguense la declaración de amor, el sí en lenguaje de tigres, y los primeros halagos y caricias. Después… el amor en su plenitud, sin los poco decentes pormenores en que entran Rollinat y otros en casos semejantes:

«Después el misterioso
tacto, las impulsivas
fuerzas que arrastran con poder pasmoso,
y ¡oh gran Pan!, el idilio monstruoso
bajo las vastas selvas primitivas.»

El príncipe de Gales, que andaba de caza por allí con gran séquito de monteros y jauría de perros, viene a poner trágico fin al idilio.

El príncipe mata a la tigre de un escopetazo. El tigre se salva, y luego en su gruta tiene un extraño sueño:

«Que enterraba las garras y los dientes
en vientres sonrosados

y pechos de mujer, y que engullía
por postres delicados
de comidas y cenas,
como tigre goloso entre golosos,
unas cuantas docenas
de niños tiernos, rubios y sabrosos.»

No parece sino que, en sentir del poeta, tendría menos culpa el tigre, aunque fuese ser responsable devorando mujeres y niños, que el príncipe matando tigres. El afecto del poeta se extiende casi por igual sobre tigres y sobre príncipes, a quienes un determinismo fatal mueve a matarse *recíprocamente*, como el ratón y el gato de la fábula de Álvarez.

Los cuentos en prosa son más singulares aún. Parecen escritos en París, y no en Nicaragua ni en Chile. Todos son brevísimos. Usted hace gala de laconismo. *La Ninfa* es quizá el que más me gusta.

La cena en la quinta de la cortesana está bien descrita. El discurso del sabio prepara el ánimo del lector. Los límites, que tal vez no existan, pero que todos imaginamos, trazamos y ponemos entre lo natural y sobrenatural, se esfuman y desaparecen. San Antonio vio en el yermo un hipocentauro y un sátiro. Alberto Magno habla también de sátiros que hubo en su tiempo. ¿Por qué ha de ser esto falso? ¿Por qué no ha de haber sátiros, faunos y ninfas? La cortesana anhela ver un sátiro vivo; el poeta, una ninfa. La aparición de la ninfa desnuda, al poeta, en el parque de la quinta, a la mañana siguiente, en la umbría apartada y silenciosa, entre los blancos cisnes del estanque, está pintada con tal aire que parece verdad.

La ninfa huye y queda burlado el poeta; pero en el almuerzo, dice la cortesana:

«—El poeta ha visto ninfas.

»Todos lo contemplaron asombrados, y ella me miraba como una gata, y se reía, se reía como una chicuela a quien se le hace cosquillas.»

El velo de la reina Mab es precioso. Empieza así:

«La reina Mab, en su carro hecho de una sola perla, tirado por cuatro coleópteros de petos dorados y alas de pedrería, caminando sobre un rayo de sol, se coló un día por la ventana de una buhardilla, donde estaban cuatro hombres flacos, barbudos e impertinentes, lamentándose como unos desdichados.»

Eran un pintor, un escultor, un músico y un poeta. Cada cual hace su lastimoso discurso, exponiendo aspiraciones y desengaños. Todos terminan en la desesperación.

«Entonces, la reina Mab, del fondo de su carro, hecho de una sola perla, tomó un velo azul, casi impalpable, como formado de suspiros o miradas de ángeles rubios y pensativos. Y aquel velo era el velo de los sueños, de los dulces sueños que hacen ver la vida de color de rosa. Y con él envolvió a los cuatro hombres flacos, barbudos e impertinentes. Los cuales cesaron de estar tristes, porque penetró en ellos la esperanza, y en su cabeza el sol alegre, con el diablillo de la vanidad que consuela en sus profundas decepciones a los pobres artistas.»

Hay en el libro otros varios cuentos, delicados y graciosos, donde se notan las mismas calidades. Todos estos cuentos parecen escritos en París.

Voy a terminar hablando de los más trascendentales: *El rubí* y *La canción del oro*. El químico Fremy ha descubierto, o se jacta de haber descubierto, la manera de hacer rubíes. Uno de los gnomos roba uno de esos rubíes artificiales del medallón que pende del cuello de cierta cortesana, y le lleva a la extensa y profunda caverna donde los gnomos se reúnen en conciliábulo. Las fuerzas vivas y creadoras de la Naturaleza, la infatigable inexhausta fecundidad del alma tierra, están simbolizadas en aquellos activos y poderosos enanillos que se burlan del sabio y demuestran la falsedad de su obra. «La piedra es falsa —dicen todos—: obra de hombre, o de sabio, que es peor.»

Luego cuenta el gnomo más viejo la creación del verdadero primer rubí. Es un hermoso mito, que redunda en alabanza de Amor y de la madre Tierra, «de cuyo vientre moreno brota la savia de los troncos robustos, y el oro y el agua diamantina y la casta flor de lis; lo puro, lo fuerte, lo infalsificable. Y los gnomos tejen una danza frenética y celebran una orgía sagrada, ensalzando a la mujer, de quien suelen enamorarse, porque es espíritu de carne: toda amor».

La canción del oro sería el mejor de los cuentos de usted si fuera cuento, y sería el más elocuente de todos si no emplease en él demasiado una *ficelle*, de que se usa y de que se abusa muchísimo en el día.

En la calle de los palacios, donde todo es esplendor y opulencia, donde se ven llegar a sus moradas, de vuelta de festines y bailes, a las hermosas mujeres, y a los hombres ricos, hay un mendigo extraño, hambriento, tiritando de frío, mal cubierto de harapos. Este mendigo tira un mordisco a un pequeño mendrugo de pan bazo: se inspira y canta la canción del oro.

Todo el sarcasmo, todo el furor, toda la codicia, todo el amor desdeñado, todos los amargos celos, toda la envidia que el oro engendra en los corazones de los hambrientos de los menesterosos y de los descamisados y perdidos, están expresados en aquel himno en prosa.

Por esto afirmo que sería admirable *La canción del oro* si se viese menos la *ficelle*: el método o traza de la composición, que tanto siguen ahora los prosistas, los poetas y los oradores.

El método es crear algo por superposición o aglutinación y no por organismo.

El símil es la base de este método. Sencillo es no mentar nada sin símil; todo es como algo. Luego se ha visto que salen de esta manera muchísimos *comos*, y en vez de los *comos* se han empleado los *eses* y las *esas*. Ejemplo: la tierra, esa madre fecunda de todo lo viviente; el aire ese manto azul que envuelve el seno de la tierra, y cuyos flecos son las nubes; el cielo, ese campo sin límites por donde giran las estrellas, etc. De este modo es fácil llenar mucho papel. A veces los eses y las esas se suprimen; aunque es menos enfático y menos francés, y sólo se dice el pájaro, flor del aire; la luna, lámpara nocturna, hostia que se eleva en el templo del espacio, etcétera.

Y, por último, para dar al discurso más animación y movimiento, se ha discurrido hacer enumeración de todo aquello que se asemeja en algo al objeto de que queremos hablar. Y terminada la enumeración, o cansado el autor de enumerar, pues no hay otra razón para que termine, dice: ése soy yo; eso es la poesía; eso es la crítica; eso es la mujer, etc. Puede también el autor, para prestar mayor variedad y complicación a su obra, decir lo que no es el objeto que describe antes de decir lo que es. Y puede decir lo que no es como quien pregunta. Fórmula: ¿Será esto, será aquello, será lo de más allá? O, no es nada de eso. Luego… la retahíla de cosas que se ocurran. Y por remate: eso es.

Este género de retórica es natural, y todos le empleamos. No se critica aquí el uso, sino el abuso. En el abuso hay algo parecido al juego infantil de apurar una letra. «Ha venido un barco cargado de…» Y se va diciendo (si verbigracia la letra es b) de baños, de buzos, de bolos, de berros, de bromas…

Las composiciones escritas según este método retórico tienen la ventaja de que se puedan acotar y alargar, *ad libitum*, y de que se puedan leer al revés lo mismo que al derecho, sin que apenas varíe el sentido.

En mis peregrinaciones por países extranjeros, y harto lejos de aquí, conocí yo y traté a una señora muy entendida, cuyo marido era poeta; y ella había descubierto en los versos de su marido que todos se leían y hacían sentido empezando por el último verso y acabando por el primero.

Querían decir algunos maldicientes que ella había hecho el descubrimiento para burlarse de los versos de la cosecha de casa, pero yo siempre tuve por seguro que ella, cegada por el amor conyugal, ponía en este sentido indestructible, léanse las composiciones como quiera que se lean, un primor raro que realzaba el mérito de ellas.

Me ha corroborado en esta opinión un reciente escrito de don Adolfo de Castro, quien descubre y aplaude en algunos versos de Santa Teresa, casi como don celeste o gracia divina, esa prenda de que se lean al revés y al derecho, resultando idéntico sentido.

La verdad del caso, considerado y ponderado todo con imparcial circunspección, es que tal modo retórico es ridículo cuando se toma por muletilla o sirve de pauta para escribir, pero si es espontáneo, está muy bien: es el lenguaje propio de la pasión.

Figurémonos a una madre, joven, linda y apasionada, con un niño rubito y gordito y sonrosado, de dos años, que está en sus brazos. Mientras ella le brinca y él le sonríe, ella le dirá natural y sencillamente interminable lista de nombres de objetos, algunos de ellos disparatados. Le llamará ángel, diablillo, mono, gatito, chuchumeco, corazón, alma, vida, hechizo, regalo, rey, príncipe y mil cosas más. Y todo estará bien, y nos parecerá encantador, sea el que sea el orden en que se ponga. Pues lo mismo puede ser toda composición, en prosa o en verso, por el estilo, con tal que no sea buscado ni frecuente este modo de componer.

El modelo más egregio del género, el ejemplar arquetipo, es la letanía. La Virgen es puerta del cielo, estrella de la mañana, torre de David, arca de la alianza, casa de oro, y mil cosas más en el orden que se nos antoje decirlas.

La canción del oro es así: es una letanía, sólo que es infernal en vez de ser célica. Es por el gusto de la letanía que Baudelaire compuso al demonio; pero, conviniendo ya en que *La canción del oro* es letanía, y letanía infernal, yo me complazco en sostener que es de las más poéticas, ricas y enérgicas que he leído. Aquello es un diluvio de imágenes, un desfilar tumultuoso de cuanto hay, para que encomie el oro y predique sus excelencias.

Citar algo es destruir el efecto que está en la abundancia de cosas que en desorden se citan y acuden a cantar el oro «misterioso y callado en las entrañas de la tierra y bullicioso cuando brota a pleno sol y a toda vida; sonante como coro de tímpanos, feto de astros, residuo de luz, encarnación del éter; hecho de sol, se enamora de la noche y, al darle el último beso, riega su túnica con estrellas como con gran muchedumbre de libras esterlinas. Despreciado por Jerónimo, arrojado por Antonio, vilipendiado por Macario, humillado por Hilarión, es carne de ídolo, dios becerro, tela de que Fidias hace el traje de Minerva. De él son las cuerdas de la lira, las cabelleras de las más tiernas amadas, los granos de la espiga y el peplo que, al levantarse, viste la olímpica aurora».

Me había propuesto no citar nada, y he citado algo, aunque poco. La composición es una letanía inorgánica, y, sin embargo, ni la ironía, ni el amor y el odio, ni el deseo y el desprecio simultáneos que el oro inspira al poeta en la inopia (achaque crónico y epidémico de los poetas) resaltan bien, sino de la plenitud de cosas que dice del oro, y que se suprimen aquí por amor a la brevedad.

En resolución, su librito de usted, titulado *Azul...*, nos revela en usted a un prosista y a un poeta de talento.

Con el *galicismo mental* de usted no he sido sólo indulgentes sino que le he aplaudido por lo perfecto. Con todo, yo aplaudiría muchísimo más si con esa ilustración francesa que en usted hay se combinasen la inglesa, la alemana, la italiana, ¿y por qué no la española también? Al cabo, el árbol de nuestra ciencia no ha envejecido tanto que aún no pueda prestar jugo, ni sus ramas son tan cortas ni están tan secas que no puedan retoñar como mugrones del otro lado del Atlántico. De todos modos, con la superior riqueza y con la mayor variedad de elementos, saldría de su cerebro de usted algo menos exclusivo y con más altos, puros y serenos ideales: algo más *azul* que el azul de su libro de usted; algo que tirase menos a lo *verde* y a lo *negro*. Y por encima de todo, se mostrarían más clara y más marcadas la originalidad de usted y su individualidad de escritor.

Juan Valera
(De la Academia Española de la Lengua)

Al Señor D.

FEDERICO VARELA

Gerón, rey de Siracusa, inmortalizado en sonoros versos griegos, tenía un huerto privilegiado por favor de los dioses, huerto de tierra ubérrima que fecundaba el gran sol. En él permitía a muchos cultivadores que llegasen a sembrar sus granos y sus plantas.

Había laureles verdes y gloriosos, cedros fragantes, rosas encendidas, trigo de oro, sin faltar yerbas pobres que arrostraban la paciencia de Gerón.

No sé qué sembraría Teócrito, pero creo que fue un citiso y un rosal. Señor, permitid que junto a una de las encinas de vuestro huerto, extienda mi enredadera de campánulas.

Rubén Darío

Historia de mis libros: «Azul...»*

...Esta mañana de primavera me he puesto a hojear mi amado viejo libro, un libro primigenio, el que iniciara un movimiento mental que había de tener después tantas triunfantes consecuencias; y lo hojeo como quien relee antiguas cartas de amor, con un cariño melancólico, con una «saudade» conmovida en el recuerdo de mi lejana juventud. Era en Santiago de Chile, adonde yo había llegado, desde la remota Nicaragua, en busca de un ambiente propicio a los estudios y disciplinas intelectuales. A pesar de no haber producido hasta entonces Chile principalmente sino hombres de Estado y de Jurisprudencia, gramáticos, historiadores, periodistas y, cuando más, rimadores tradicionales y académicos de directa descendencia peninsular, yo encontré nuevo aire para mis ansiosos vuelos de belleza y de nobles entusiasmos.

Cuando publiqué los primeros cuentos y poesías que salían de los cánones usuales, si obtuve el asombro y la censura de los profesores, logré en cambio el cordial aplauso de mis compañeros. ¿Cuál fue el origen de la novedad? El origen de la novedad fue mi reciente conocimiento de autores franceses del Parnaso, pues a la sazón la lucha simbolista apenas comenzaba en Francia y no era conocida en el extranjero y menos en nuestra América. Fue Catulle Mendès mi verdadero iniciador, un Mendès traducido, pues mi francés todavía era precario. Algunos de sus cuentos lírico-eróticos, una que otra poesía, de las compren-

* Este artículo de Darío se publicó, por primera vez, en el diario La Nación, Buenos Aires, 6 de julio de 1913.

didas en el *Parnasse contemporaine*, fueron para mí una revelación. Luego vendrían otros anteriores y mayores: Gautier, el Flaubert de *La tentation de St. Antoine*, Paul de Saint Victor, que me aportarían una inédita y deslumbrante concepción del estilo. Acostumbrado al eterno clisé español del siglo de oro, y a su indecisa poesía moderna, encontré en los franceses que he citado una mina literaria por explotar: la aplicación de su manera de adjetivar de ciertos modos sintácticos, de su aristocracia verbal, al castellano. Lo demás lo dará el carácter de nuestro idioma y la capacidad individual. Y yo, que me sabía de memoria el *Diccionario de galicismos* de Baralt, comprendí que no sólo el galicismo oportuno, sino ciertas particularidades de otros idiomas son utilísimas y de una incomparable eficacia en su apropiado trasplante. Así mis conocimientos de inglés, de italiano, de latín, debían servir más tarde al desenvolvimiento de mis propósitos literarios. Mas mi penetración en el mundo del arte verbal francés no había comenzado en tierra chilena. Años atrás, en Centro América, en la ciudad de San Salvador y en compañía del buen poeta Francisco Gavidia, mi espíritu adolescente había explorado la inmensa selva de Víctor Hugo y había contemplado su océano divino, en donde todo se contiene.

¿Por qué ese título *Azul*? No conocía aún la frase huguesca l'Art c'est l'azur, aunque sí la estrofa musical de *Les Châtiments*:

Adieu, patrie!
L'onde est en furie!
Adieu, patrie!
Azur!

Mas el azul era para mí el color del ensueño, el color del arte, un color helénico y homérico color oceánico y firmamental, el «caeruleum», que en Plinio es el color simple que semeja al de los cielos y el zafiro. Y Ovidio había cantado:

Respice vindicibus pacatum viribus orbem,
quae latam Nereus caerulus ambit humam.

Concentré en ese color célico la floración espiritual de mi primavera artística. Ese primer libro —pues apenas puedo contar el volumen incompleto de versos que apareció en Managua con el título de *Primeras notas*— se componía de un puñado de cuentos y poesías, que podrían calificarse de parnasianas. *Azul...* se imprimió en 1888 en Valparaíso, bajo los auspicios del poeta de la Barra y de Eduardo Poirier, pues el mecenas a quien fuera dedicado por sus insinuaciones del primero de estos amigos ni siquiera me acusó recibo del primer ejemplar que le remitiera.

El libro no tuvo mucho éxito en Chile. Apenas se fijaron en él cuando D. Juan Valera se ocupara de su contenido en una de sus famosas *Cartas Americanas de Los lunes del Imparcial.* Valera vio mucho, expresó su sorpresa y entusiasmo sonriente —¿por qué hay muchos que quieren ver siempre alfileres en aquellas manos ducales?—, pero no se dio cuenta de la trascendencia de mi tentativa. Porque si el librito tenía algún personal mérito relativo, de allí debía derivar toda nuestra futura revolución intelectual. A los que asustaba lo original de la reciente manera les fue extraño que un impecable como D. Juan Valera hiciese notar que la obra estaba escrita «en muy buen castellano». Otros elogios hiciera «el tesorero de la lengua», como le llama el conde de las Navas, y el libro fue desde entonces buscado y conocido tanto en España como en América. Valera observa, sobre todo el completo espíritu francés del volumen: «Ninguno de los hombres de letras de esta Península, que he conocido yo, con más espíritu cosmopolita, y que más largo tiempo han residido en Francia, y que han hablado mejor el francés y otras lenguas extranjeras, me ha parecido nunca tan compenetrado del espíritu de Francia como usted me parece, ni Galiano, ni Don Eugenio de Ochoa, ni Miguel de los Santos Álvarez». Y agregaba más adelante: «Resulta de aquí un autor nicaragüense, que jamás salió de Nicaragua sino para ir a Chile, y que es autor tan a la moda de París y con tanto chic y distinción que se adelanta a la moda y pudiera modificarla e imponerla».

Cierto, un soplo de París animaba mi esfuerzo de entonces; mas había también, como el mismo Valera lo afirmara, un gran amor por las literaturas clásicas y conocimiento «de todo lo moderno europeo». No era, pues, un plan limitado y exclusivo. Hay, sobre todo, juventud, un ansia de vida, un estremecimiento sensual, un relente pagano, a pesar de mi educación religiosa y profesar desde mi infancia la doctrina católica, apostólica, romana. Ciertas notas heterodoxas las explican ciertas lecturas.

En cuanto al estilo, era la época en que predominaba la afición por la «escritura artística» y el diletantismo elegante. En el cuento *El rey burgués*, creo reconocer la influencia de Daudet. El símbolo es claro, y ello se resume en la eterna protesta del artista contra el hombre práctico y seco, del soñador contra la tiranía de la riqueza ignara. En El sátiro sordo, el procedimiento es más o menos mendesiano, pero se impone el recuerdo de Hugo y de Flaubert. En *La ninfa*, los modelos son los cuentos parisienses de Mendès, de Armand Silvestre, de Maizeroy, con el aditamento de que el medio, el argumento, los detalles, el tono, son de la vida de París, de la literatura de París. Demás advertir que yo no había salido de mi pequeño país natal, como lo escribe Valera, sino para ir a Chile, y que mi asunto y mi composición eran de base libresca. En *El fardo* triunfa la entonces en auge escuela naturalista. Acababa de conocer algunas obras de Zola, y el reflejo fue inmediato;

mas no correspondiendo tal modo a mi temperamento ni a mi fantasía, no volví a incurrir en tales desvíos. En *El velo de la reina Mab*, sí, mi imaginación encontró asunto apropiado. El deslumbramiento shakesperiano me poseyó y realicé por primera vez el poema en prosa, seguí el ritmo y la sonoridad verbales, la transposición musical, hasta entonces —es un hecho reconocido— desconocida en la prosa castellana, pues las cadencias de algunos clásicos son, en sus desenvueltos períodos, otra cosa. *La canción del oro* es también poema en prosa, pero de otro género. Valera la califica de letanía. Y de aquí una anécdota. Yo envié a París, a varios hombres de letras, ejemplares de mi libro, a raíz de su aparición. Tiempos después en *La Panthée*, de Peladan, aparecía un *Cantique de l'or* más que semejante al mío. Coincidencia posiblemente. No quise tocar el asunto, porque entre el gran esteta y yo no había esclarecimiento posible, y a la postre habría resultado, a pesar de la cronología, el autor de *La canción del oro* plagiario de Peladán.

El *rubí* es otro cuento a la manera parisiense. Un *mito* dice Valera. Una fantasía primaveral, más bien, lo propio que El *palacio del sol* donde llamara la atención el empleo del *leit-motiv*. Y otra narración, de París, más ligera, a pesar de la significación vital, *El pájaro azul*. En *Palomas blancas y garzas morenas* el tema es autobiográfico y el escenario la tierra centroamericana en que me tocó nacer. Todo en él es verdadero aunque dorado de ilusión juvenil. Es un eco fiel de mi adolescencia amorosa, del despertar de mis sentidos y de mi espíritu ante el enigma de la universal palpitación. La parte titulada En Chile que contiene *En busca de cuadros, Acuarela, Paisaje, Agua fuerte, La virgen de la Paloma, La cabeza, otra Acuarela, Un retrato de Watteau, Naturaleza muerta, Al carbón, Paisaje, y El ideal* constituyen ensayos de color y de dibujo que no tenían antecedentes en nuestra prosa. Tales transposiciones pictóricas debían ser seguidas por el grande y admirable colombiano J. Asunción Silva —y esto, cronológicamente, resuelve la duda expresada por algunos de haber sido la producción del autor del Nocturno anterior a nuestra Reforma. *La muerte de la emperatriz de la China* —publicado recientemente en francés en la colección *Les mille nouvelles*— es un cuento ingenuo, de escasa intriga con algún eco a lo Daudet. *A una estrella* canto pasional, romanza, poema en prosa, en que la idea se une a la musicalidad de la palabra.

Luego viene la parte en verso del pequeño volumen. En los versos seguía el mismo método que en la prosa: la aplicación de ciertas ventajas verbales de otras lenguas, en este caso principalmente del francés, al castellano. Abandono de las ordenaciones usuales de los clisés consuetudinarios; atención a la melodía anterior, que contribuye al éxito de la expresión rítmica; novedad en los adjetivos; estudio y fijeza del significado etimológico de cada vocablo aplicación de la erudición oportuna, aristocrática léxica. En *primaveral* —de *El año lírico*—, creo haber dado una nueva nota en la orquestación del romance, con todo y contar con antecedentes tan ilustres al respecto como Góngora y el cubano Zenea. En *Estival* quise realizar un trozo de fuerza. Algún escaso lector de tierras calientes ha querido dar a entender que —¡tratándose de tigres!— mi trabajo podía ser, si no hurto, traducción de Leconte de Lisle. Cualquiera puede desechar la inepta insinuación con recorrer toda la obra de *Poemes barbares*. Ello me hizo sonreír, como el venerable *Atheneum*, de Londres, que porque hablo de toros salvajes en uno de mis versos, me compara con Mistral. En *Autumnal* vuelve el influjo de la música íntima, «di camerí», y que contiene las gratas aspiraciones amorosas de los mejores años, la nostalgia de lo aún no encontrado —y que, casi siempre no se encuentra nunca tal como se sueña—. Hay en seguida, aconsonantando con lo anterior, la versión de un *Pensamiento de Otoño*, de Armand Silvestre. Bien sabido es que, a pesar de sus particularidades harto rabelesianas y de su excesiva «galoiserie», Silvestre era un poeta en ocasiones delicado, fino y sentimental.

Anagke es una poesía aislada y que no se compadece con mi fondo cristiano. Valera la censura con razón, y ella no tuvo, posiblemente, más razón de ser que un momento de desengaño, y el acíbar de lecturas poco propias para levantar el espíritu a la luz de las supremas razones. El más intenso teólogo puede deshacer en un instante la reflexión del poeta en ese instante pesimista, y demostrar que tanto el gavilán como la paloma forman parte integrante y justa de la concorde unidad del universo; y que, para la mente infinita, no existen, como para la limitada mente humana, ni Arimanes, ni Ormuzd. Concluye el librito con una serie de sonetos: *Caupolicán*, que inició la entrada del soneto alejandrino a la francesa en nuestra lengua —al menos según mi conocimiento—. Aplicación a igual poema de forma fija, de versos de quince sílabas, se advierte en *Venus*. Otro soneto a la francesa y de asunto parisiense: *De invierno*. Luego retratos líricos, medallones de poetas que eran algunas de mis admiraciones de entonces: Leconte de Lisle, Catulle Mendès, el yanki Walt Whitman, el cubano J. J. Palma, el mexicano Díaz Mirón, a quien imitara en ciertos versos agregados en ediciones posteriores de *Azul…* y que empiezan:

> Nada más triste que un titán que llora,
> hombre-montaña encadenado a un lirio,
> que gime, fuerte, que, pujante, implora,
> víctima propia en su fatal martirio.

Tal fue mi primer libro, origen de las bregas posteriores, y que, en una mañana de primavera, me ha venido a despertar los más gratos y perfumados recuerdos de mi vida pasada, allá en el bello país de Chile. Si mi *Azul...* es una producción de arte puro, sin que tenga nada de docente ni de propósito moralizador, no es tampoco lucubrado de manera que cause la menor delectación morbosa. Con todos sus defectos, es de mis preferidas. Es una obra, repito que contiene la flor de mi juventud, que exterioriza la íntima poesía de las primeras ilusiones y que está impregnada de amor al arte y de amor al amor.

Rubén Darío

AZUL...

EL REY BURGUÉS
(Cuento Alegre)

¡Amigo! El cielo está opaco, el aire frío, el día triste. Un cuento alegre..., así como para distraer las brumosas y grises melancolías, helo aquí:

Había en una ciudad inmensa y brillante un rey muy poderoso que tenía trajes caprichosos y ricos, esclavas desnudas, blancas y negras, caballos de largas crines, armas flamantísimas, galgos rápidos y monteros con cuernos de bronce, que llenaban el viento con sus fanfarrias. ¿Era un rey poeta? No, amigo mío: era el Rey Burgués.

Era muy aficionado a las artes el soberano, y favorecía con gran largueza a sus músicos, a sus hacedores de ditirambos, pintores, escultores, boticarios, barberos y maestros de esgrima.

Cuando iba a la floresta, junto al corzo o jabalí herido y sangriento, hacía improvisar a sus profesores de retórica canciones alusivas; los criados llenaban las copas del vino de oro que hierve, y las mujeres batían palmas con movimientos rítmicos y gallardos. Era un rey sol, en su Babilonia llena de músicas, de carcajadas y de ruido de festín. Cuando se hastiaba de la ciudad bullente iba de caza atronando el bosque con sus tropeles, y hacía salir de sus nidos a las aves asustadas, y el vocerío repercutía en lo más escondido de las cavernas. Los perros de patas elásticas iban rompiendo la maleza en la carrera, y los cazadores, inclinados sobre el pescuezo de los caballos, hacían ondear los mantos purpúreos y llevaban las caras encendidas y las cabelleras al viento.

El rey tenía un palacio soberbio donde había acumulado riquezas y objetos de arte maravillosos. Llegaba a él por entre grupos de lilas y extensos estanques, siendo saludado por los cisnes de cuellos blancos, antes que por los lacayos estirados. Buen gusto. Subía por una escalera llena de columnas de alabastro y de esmeraldas, que tenía a los dos lados leones de mármol, como los de los tronos salomónicos. Refinamiento. A más de los cisnes, tenía una vasta pajarera, como amante de la armonía, del arrullo, del trino; y cerca de ella iba a ensanchar su espíritu, leyendo novelas de M. Ohnet, o bellos libros sobre cuestiones gramaticales, o críticas hermosillescas. Eso sí, defensor acérrimo de la corrección académica en letras, y del modo lamido en artes; alma sublimc amante de la lija y de la ortografía.

¡Japonerías! ¡Chinerías! Por lujo y nada más.

Bien podía darse el placer de un salón digno del gusto de un Goncourt y de los millones de un Creso; quimeras de bronce con las fauces abiertas y las colas enroscadas, en grupos fantásticos y maravillosos; lacas de Kioto con incrustaciones de hojas y ramas de una flora monstruosa, y animales de una fauna desconocida; mariposas de raros abanicos junto a las paredes; peces y gallos de colores; máscaras de gestos infernales y con ojos como si fuesen vivos; partesanas de hojas antiquísimas y empuñaduras con dragones devorando flores de loto; y en conchas de huevo, túnicas de seda amarilla como tejidas con hilos de araña, sembradas de garzas rojas y de verdes matas de arroz; y tibores, porcelanas de muchos siglos, de aquellas en que hay guerreros tártaros con una piel que les cubre los riñones, y que llevan arcos estirados y manojos de flechas.

Por lo demás, había el salón griego lleno de mármoles; diosas, musas, ninfas y sátiros; el salón de los tiempos galantes, con cuadros del gran Watteau y de Chardin: dos, tres, cuatro, ¡cuántos salones!

Y Mecenas se paseaba por todos, con la cara inundada de cierta majestad, el vientre feliz y la corona en la cabeza, como un rey de naipe.

Un día le llevaron una rara especie de hombre ante su trono, donde se hallaba rodeado de cortesanos, de retóricos y de maestros de equitación y de baile.

—¿Qué es eso? —preguntó.

—Señor, es un poeta.

El rey tenía cisnes en el estanque, canarios, gorriones, sinsontes en la pajarera; un poeta era algo nuevo y extraño.

—Dejadle aquí.

Y el poeta:

—Señor, no he comido.

Y el rey:

—Habla y comerás.

Comenzó:

—Señor, hace tiempo que yo canto el verbo del porvenir. He tendido mis alas al huracán, he nacido en el tiempo de la aurora; busco la raza escogida que debe esperar, con el himno en la boca y la lira en la mano, la salida del gran sol. He abandonado la inspiración de la ciudad malsana, la alcoba llena de perfumes, la musa de carne que llena el alma de pequeñez y el rostro de polvos de arroz. He roto el arpa adulona de las cuerdas débiles contra las copas de Bohemia y la jarras donde espumea el vino que embriaga sin dar fortaleza; he arrojado el manto que me hacía parecer histrión o mujer, y he vestido de modo salvaje y espléndido; mi harapo es de púrpura. He ido a la selva, donde he quedado vigoroso y ahíto de leche fecunda y licor de nueva vida; y en la ribera del mar áspero, sacudiendo la cabeza bajo la fuerte y negra tempestad, como un ángel soberbio, o como un semidiós olímpico, he ensayado el yambo dando al olvido el madrigal.

»He acariciado a la gran Naturaleza, y he buscado el calor ideal, el verso que está en el astro, en el fondo del cielo, y el que está en la perla, en lo profundo del océano. ¡He querido ser pujante! Porque viene el tiempo de las grandes revoluciones, con un Mesías todo luz, todo agitación y potencia, y es preciso recibir su espíritu con el poema que sea arco triunfal, de estrofas de acero, de estrofas de oro, de estrofas de amor.

»¡Señor, el arte no está en los fríos envoltorios de mármol, ni en los cuadros lamidos, ni en el excelente señor Ohnet! ¡Señor! El arte no viste pantalones, ni habla en burgués, ni pone los puntos en todas las íes. Él es augusto, tiene mantos de oro, o de llamas, o anda desnudo, y amasa la greda con fiebre, y pinta con luz, y es opulento, y da golpes de ala como las águilas o zarpazos como los leones. Señor, entre un Apolo y un ganso, preferid el Apolo, aunque el uno sea de tierra cocida y el otro de marfil.

»¡Oh, la poesía!

»¡Y bien! Los ritmos se prostituyen, se cantan los lunares de las mujeres y se fabrican jarabes poéticos. Ademas, señor, el zapatero critica mis endecasílabos, y el señor profesor de farmacia pone puntos y comas a mi inspiración. Señor, ¡y vos les autorizáis todo esto!… El ideal, el ideal…»

El rey interrumpió:

—Ya habéis oído. ¿Qué hacer?

Y un filósofo al uso:

—Si lo permitís, señor, puede ganarse la comida con una caja de música; podemos colocarle en el jardín, cerca de los cisnes, para cuando os paseéis.

—Sí —dijo el rey; y dirigiéndose al poeta—: Daréis vueltas a un manubrio. Cerraréis la boca. Haréis sonar una caja de música que toca valses, cuadrillas y galopas, como no prefiráis moriros de hambre. Pieza de música por pedazo de pan. Nada de jerigonzas, ni de ideales. Id.

Y desde aquel día pudo verse, a la orilla del estanque de los cisnes, al poeta hambriento que daba vueltas al manubrio; tiririrín, tiririrín…, ¡avergonzado a las miradas del gran sol! ¿Pasaba el rey por las cercanías? ¡Tiririrín, tiririrín!… ¿Había que llenar el estómago? ¡Tiririrín! Todo entre las burlas de los pájaros libres que llegaban a beber el rocío en las lilas floridas; entre el zumbido de las abejas que le picaban el rostro y le llenaban los ojos de lágrimas…, ¡lágrimas amargas que rodaban por sus mejillas y que caían a la tierra negra!

Y llegó el invierno, y el pobre sintió frío en el cuerpo y en el alma. Y su cerebro estaba como petrificado, y los grandes himnos estaban en el olvido, y el poeta de la montaña coronada de águilas no era sino un pobre diablo que daba vueltas al manubrio: ¡tiririrín!

Y cuando cayó la nieve se olvidaron de él el rey y sus vasallos; a los pájaros se les abrigó, y a él se le dejó al aire glacial que le mordía las carnes y le azotaba el rostro.

Y una noche en que caía de lo alto la lluvia blanca de plumillas cristalizadas, en el palacio había festín, y la luz de las arañas reía alegre sobre los mármoles, sobre el oro y sobre las túnicas de los mandarines de las viejas porcelanas. Y se aplaudían hasta la locura los brindis del señor profesor de retórica, cuajados de dáctilos, de anapestos y de pirriquios, mientras en las copas cristalinas hervía el champaña con su burbujeo luminoso y fugaz. ¡Noche de invierno, noche de fiesta! Y el infeliz, cubierto de nieve, cerca del estanque, daba vueltas al manubrio para calentarse, tembloroso y aterido, insultado por el cierzo, bajo la blancura implacable y helada, en la noche sombría, haciendo resonar entre los árboles sin hojas la música loca de las galopas y cuadrillas; y se quedó muerto, pensando en que nacería el sol del día venidero, y con él el ideal… y en que el arte no vestiría pantalones, sino manto de llamas o de oro… Hasta que al día siguiente lo hallaron el rey y sus cortesanos, al pobre diablo de poeta, como gorrión que mata el hielo, con una sonrisa amarga en los labios, y todavía con la mano en el manubrio.

¡Oh, mi amigo! El cielo está opaco, el aire frío, el día triste. Flotan brumosas y grises melancolías…

Pero ¡cuánto calienta el alma una frase, un apretón de manos a tiempo! Hasta la vista.

EL SÁTIRO SORDO

(Cuento griego)

Habitaba cerca del Olimpo un sátiro, y era el viejo rey de su selva. Los dioses le habían dicho: «Goza, el bosque es tuyo; sé un feliz bribón, persigue ninfas y suena tu flauta». El sátiro se divertía.

Un día que el padre Apolo estaba tañendo la divina lira, el sátiro salió de sus dominios y fue osado a subir el sacro monte y sorprender al dios crinado. Éste le castigó, tornándole sordo como una roca. En balde, de las espesuras de la selva llena de pájaros, se derramaban los trinos y emergían los arrullos. El sátiro no oía nada. Filomena llegaba a cantarle, sobre su cabeza enmarañada y coronada de pámpanos, canciones que hacían detenerse los arroyos y enrojecerse las rosas pálidas. Él permanecía impasible, o lanzaba sus carcajadas salvajes y saltaba lascivo y alegre cuando percibía por el ramaje lleno de brechas alguna cadera blanca y rotunda que acariciaba el sol con su luz rubia. Todos los animales le rodeaban como a un amo a quien se obedece.

A su vista para distraerle, danzaban coros de bacantes encendidas en su fiebre loca, y acompañaban la armonía, cerca de él, faunos adolescentes, como hermosos efebos, que le acariciaban reverentemente con su sonrisa; y aunque no escuchaba ninguna voz, ni el ruido de los crótalos, gozaba de distintas maneras. Así pasaba la vida este rey barbudo, que tenía patas de cabra.

Era sátiro caprichoso.

Tenía dos consejeros áulicos: una alondra y un asno. La primera perdió su prestigio cuando el sátiro se volvió sordo. Antes, si cansado de su lascivia soplaba su flauta dulcemente, la alondra le acompañaba.

Después en su gran bosque, donde no oía ni la voz del olímpico trueno, el paciente animal de las largas orejas le servía para cabalgar, en tanto que la alondra, en los apogeos del alba, se le iba de las manos, cantando camino de los cielos.

La selva era enorme. De ella tocaba a la alondra la cumbre; el asno, al pasto. La alondra era saludada por los primeros rayos de la aurora; bebía rocío en los retoños; despertaba al roble diciéndole: «Viejo roble, despiértate». Se deleitaba con un beso del sol: era amada por el lucero de la mañana. Y el hondo azul, tan grande, sabía que ella, tan chica, existía bajo su inmensidad. El asno (aunque entonces no había conversado con Kant) era experto en filosofía, según el decir común. El sátiro, que le veía ramonear en la pastura, moviendo las orejas con aire grave, tenía alta idea de tal pensador. En aquellos días el asno no tenía como hoy tan larga fama. Moviendo sus mandíbulas, no se habría imaginado que escribiesen en su loa Daniel Heinsins, en latín; Passerat, Buffon y el gran Hugo, en francés; Posada y Valderrama, en español.

Él, pacienzudo, si le picaban las moscas las espantaba con el rabo, daba coces de cuando en cuando y lanzaba bajo la bóveda del bosque el acorde extraño de su garganta. Y era mimado allí. Al dormir su siesta sobre la tierra negra y amable, le daban su olor las hierbas y las flores. Y los grandes árboles inclinaban sus follajes para hacerle sombra.

Por aquellos días, Orfeo, poeta, espantado de la miseria de los hombres, pensó huir a los bosques, donde los troncos y las piedras le comprenderían y escucharían con éxtasis, y donde él podría temblar de armonía y fuego de amor y de vida al sonar de su instrumento.

Cuando Orfeo tañía su lira había sonrisa en el rostro apolíneo. Démeter sentía gozo. Las palmeras derramaban su polen, las semillas reventaban, los leones movían blandamente su crin. Una vez voló un clavel de su tallo hecho mariposa roja, y una estrella descendió fascinada y se tornó flor de lis.

¿Qué selva mejor que la del sátiro, a quien él encantaría, donde sería tenido como un semidiós; selva toda alegría y danza, belleza y lujuria; donde ninfas y bacantes eran siempre acariciadas y siempre vírgenes; donde había uvas y rosas y ruidos de sistros, y donde el rey caprípede bailaba delante de sus faunos beodos y haciendo gestos como Sileno?

Fue con su corona de laurel, su lira, su frente de poeta orgulloso, erguido y radiante.

Llegó donde estaba el sátiro velludo y montaraz, y para pedirle hospitalidad, cantó. Cantó del gran Jove, de Eros y de Afrodita, de los centauros gallardos y de las bacantes ardientes; cantó la copa de Dionisio, y el tirso que hiere el aire alegre y a Pan, Emperador de las montañas, Soberano de los bosques, dios sátiro que también sabía cantar. Cantó de las intimidades del aire y de la tierra, gran madre. Así explicó la melodía de un arpa eolia, el susurro de una arboleda, el ruido ronco de un caracol y las notas harmónicas que brotan de una siringa. Cantó del verso que baja del cielo y place a los dioses, del que acompaña el bárbitos en la oda y el tiempo en el peán. Cantó los senos de nieve tibia y las copas del oro labrado, y el buche del pájaro y la gloria del sol.

Y desde el principio del cántico brilló la luz con más fulgores. Los enormes troncos se conmovieron, y hubo rosas que se deshojaron y lirios que se inclinaron lánguidamente como en un dulce desmayo. Porque Orfeo hacía gemir los leones y llorar los guijarros con la música de su lira rítmica. Las bacantes más furiosas habían callado y le oían como en un sueño. Una náyade virgen a quien nunca ni una sola mirada del sátiro había profanado, se acercó tímida al cantor y le dijo: «Yo te amo». Filomela había volado a posarse en la lira como la paloma anacreóntica. No hubo más eco que la voz de Orfeo. Naturaleza sentía el himno. Venus, que pasaba por las cercanías, preguntó de lejos con su divina voz: «¿Estás aquí, acaso, Apolo?»

Y en toda aquella inmensidad de maravillosa armonía el único que no oía nada era el sátiro sordo.

Cuando el poeta concluyó dijo a éste: —¿Os place mi canto? Si es así, me quedaré con vos en la selva.

El sátiro dirigió una mirada a sus dos consejeros. Era preciso que ellos resolviesen lo que no podía comprender él. Aquella mirada pedía una opinión.

—Señor —dijo la alondra, esforzándose en producir la voz más fuerte de su buche—, quédese quien así ha cantado con nosotros. He aquí que su lira es bella y potente. Te ha ofrecido la grandeza y la luz rara que hoy se ha visto en tu selva. Te ha dado su armonía. Señor, yo sé de estas cosas. Cuando viene el alba desnuda y se despierta el mundo, yo me remonto a los profundos cielos y vierto desde la altura las perlas invisibles de mis trinos, y es el regocijo del espacio. Pues yo te digo que Orfeo ha cantado bien, y es un elegido de los dioses. Su música embriagó el bosque entero. Las águilas se han acercado a revolar sobre nuestras cabezas, los arbustos floridos han agitado suavemente sus incensarios misteriosos, las abejas han dejado sus celdillas para venir a escuchar. En cuanto a mí, ¡oh señor!, si yo estuviese en lugar tuyo, le daría mi guirnalda de pámpanos y mi tirso. Existen dos potencias: la real y la ideal. Lo que Hércules haría con sus muñecas, Orfeo lo hace con su inspiración. El dios robusto despedazaría de un puñetazo al mismo Athos. Orfeo les amansaría, con la eficacia de su voz triunfante, a Nemea su león y a Erimanto su jabalí. De los hombres, unos han nacido para forjar metales, otros para arrancar del suelo fértil las espigas de trigo, otros para enseñar, glorificar y cantar. Si soy tu copero y te doy vino, goza tu paladar; si te ofrezco un himno, goza tu alma.

Mientras cantaba la alondra, Orfeo le acompañaba con su instrumento, y un vasto y dominante soplo lírico se escapaba del bosque verde y fragante. El sátiro sordo comenzaba a impacientarse. ¿Quién era aquel extraño visitante? ¿Por qué ante él había cesado la danza loca y voluptuosa? ¿Qué decían sus dos consejeros?

¡Ah! ¡La alondra había cantado, pero el sátiro no oía! Por fin, dirigió su vista al asno.

¿Faltaba su opinión? Pues bien; ante la selva enorme y sonora, bajo el azul sagrado, el asno movió la cabeza de un lado a otro, grave, terco, silencioso, como el sabio que medita.

Entonces, con su pie hendido, hirió el sátiro el suelo, arrugó su frente con enojo y, sin darse cuenta de nada, exclamó, señalando a Orfeo la salida de la selva:

—¡No!...

Al vecino Olimpo llegó el eco, y resonó allá donde los dioses estaban de broma, un coro de carcajadas formidables, que después se llamaron homéricas.

Orfeo salió triste de la selva del sátiro sordo y casi dispuesto a ahorcarse del primer laurel que hallase en su camino.

No se ahorcó, pero se casó con Eurídice.

LA NINFA
(Cuento parisiense)

En el castillo que últimamente acaba de adquirir Lesbia, esta actriz caprichosa y endiablada que tanto ha dado que decir al mundo por sus extravagancias, nos hallábamos a la mesa hasta seis amigos. Presidía nuestra Aspasia, quien a la sazón se entretenía en chupar, como niña golosa, un terrón de azúcar húmedo, blanco, entre las yemas sonrosadas. Era la hora del chartreuse. Se veía en los cristales de la mesa como una disolución de piedras preciosas, y la luz de los candeleros se descomponía en las copas medio vacías, donde quedaba algo de la púrpura del borgoña, del oro hirviente del champaña, de las líquidas esmeraldas de la menta.

Se hablaba con el entusiasmo de artistas de buena pasta, tras una buena comida. Éramos todos artistas, quien más, quien menos, y aun había un sabio obeso que ostentaba en la albura de una pechera inmaculada el gran nudo de una corbata monstruosa.

Alguien dijo: —¡Ah, sí, Fremiet!— Y de Fremiet se pasó a sus animales, a su cincel maestro, a dos perros de bronce que cerca de nosotros, uno buscaba la pista de la pieza, y otro, como mirando al cazador, alzaba el pescuezo y arbolaba la delgadez de su cola tiesa y erecta. ¿Quién habló de Mirón? El sabio, que recitó en griego el epigrama de Anacreonte: «Pastor, lleva a pastar más lejos tu boyada, no sea que creyendo que respira la vaca de Mirón la quieras llevar contigo…»

Lesbia acabó de chupar su azúcar, y con una carcajada argentina:

—¡Bah! Para mí los sátiros. Yo quisiera dar vida a mis bronces, y si esto fuese posible, mi amante sería uno de esos velludos semidioses. Os advierto que más que a los sátiros adoro a los centauros, y que me dejaría robar por uno de esos monstruos robustos, sólo por oír las quejas del engañado, que tocaría su flauta lleno de tristeza.

El sabio interrumpió:

—Los sátiros y los faunos, los hipocentauros y las sirenas han existido como las salamandras y el ave Fénix.

Todos reímos; pero entre el coro de carcajadas se oía irresistible, encantadora, la de Lesbia, cuyo rostro encendido, de mujer hermosa, estaba como resplandeciente de placer.

—Sí —continuó el sabio—: ¿con qué derecho negamos los modernos hechos que afirman los antiguos? El perro gigantesco que vio Alejandro, alto como un hombre, es tan real como la araña Kraken que vive en el fondo de los mares. San Antonio Abad, de edad de noventa años, fue en busca del viejo ermitaño Pablo, que vivía en una cueva. Lesbia, no te rías. Iba el santo por el yermo, apoyado en su báculo, sin saber dónde encontrar a quien buscaba. A mucho andar, ¿sabéis quién le dio las señas del camino que debía seguir? Un centauro: «medio hombre y medio caballo», dice un autor. Hablaba como enojado; huyó tan velozmente, que pronto le perdió de vista el santo; así iba galopando el monstruo, cabellos al aire y vientre a tierra.

En ese mismo viaje, San Antonio vio un sátiro, «hombrecillo de extraña figura, estaba junto a un arroyuelo, tenía las narices corvas, frente áspera y arrugada, y la última parte de su contrahecho cuerpo remataba con pies de cabra».

—Ni más ni menos —dijo Lesbia—. ¡M. de Cocureau, futuro miembro del Instituto!

Siguió el sabio:

—Afirma San Jerónimo que en tiempo de Constantino Magno se condujo a Alejandría un sátiro vivo, siendo conservado su cuerpo cuando murió.

Además, viole el emperador de Antioquía.

Lesbia había vuelto a llenar su copa de menta, y humedecía su lengua en el licor verde como lo haría un animal felino.

—Dice Alberto Magno que en su tiempo cogieron a dos sátiros en los montes de Sajonia. Eurico Zormano asegura que en tierras de Tartaria había hombres con un solo pie y sólo un brazo en el pecho. Vincencio vio en su época un monstruo que trajeron al rey de Francia; tenía cabeza de perro. (Lesbia reía). Los muslos, brazos y manos sin vello como los nuestros (Lesbia se agitaba como una chicuela a quien hiciesen cosquillas); comía carne cocida y bebía vino con todas ganas.

—¡Colombine! —gritó Lesbia. Y llegó Colombine; una falderilla que parecía un copo de algodón. Tomóla su ama, y entre las explosiones de risas de todos—: ¡Toma, el monstruo que tenía tu cara!

Y le dio un beso en la boca, mientras el animal se estremecía e inflaba las narices como lleno de voluptuosidad.

—Y Filegón Traliano —concluyó el sabio elegantemente— afirma la existencia de dos clases de hipocentauros: una de ellas como elefantes.

—Basta de sabiduría —dijo Lesbia, y acabó de beber la menta.

Yo estaba feliz. No había desplegado mis labios. ¡Oh! —exclamé—. ¡Para mí las ninfas! Yo desearía contemplar esas desnudeces de los bosques y de las fuentes, aunque como Acteón, fuese despedazado por los perros. ¡Pero las ninfas no existen!

Concluyó aquel concierto alegre con una gran fuga de risas y de personas.

—¡Y qué! —dijo Lesbia, quemándome con sus ojos de faunesa y con voz callada para que sólo yo la oyera—. ¡Las ninfas existen, tú las verás!

Era un día primaveral. Yo vagaba por el parque del castillo, con el aire de un soñador empedernido. Los gorriones chillaban sobre las lilas nuevas y atacaban a los escarabajos, que se defendían del picotazo con sus corazas de esmeralda, con sus petos de oro y acero. En las rosas, el carmín, el bermellón, la onda penetrante de perfumes dulces; más allá, las violetas, en grandes grupos, con su color apacible y su olor a virgen. Después, los altos árboles, los ramajes tupidos, llenos de mil abejeos, las estatuas en la penumbra, los discóbolos de bronce, los gladiadores musculosos en sus soberbias posturas gímnicas, las glorietas perfumadas cubiertas de enredaderas, los pórticos, bellas imitaciones jónicas, cariátides todas blancas y lascivas, y vigorosos telamones del orden atlántico, con anchas espaldas y muslos gigantescos. Vagaba por el laberinto de tales encantos cuando oí un ruido, allá en lo oscuro de la arboleda, en el estanque donde hay cisnes blancos como cincelados en alabastro, y otros que tienen la mitad del cuello del color del ébano, como una pierna alba con media negra.

Llegué más cerca. ¿Soñaba? ¡Oh, nunca! Yo sentí lo que tú cuando viste en su gruta por primera vez a Egeria.

Estaba en el centro del estanque, entre la inquietud de los cisnes espantados, una ninfa, una verdadera ninfa, que hundía su carne de rosa en el agua cristalina. La cadera, a flor de espuma, parecía a veces como dorada por la luz opaca que alcanzaba a llegar por las brechas de las hojas. ¡Ah! Yo vi lirios, rosas, nieve, oro; vi un ideal con vida y forma, y oí entre el burbujeo sonoro de la linfa herida, como una risa burlesca y armoniosa que me encendía la sangre.

De pronto huyó la visión, surgió la ninfa del estanque, semejante a Citerea en su onda, y recogiendo sus cabellos, que goteaban brillantes, corrió por los rosales, tras las lilas y violetas, más allá de los tupidos arbolares, hasta perderse, ¡ay!, por un recodo; y quedé yo, poeta lírico, fauno burlado viendo a las grandes aves alabastrinas como mofándose de mí, tendiéndome sus largos cuellos en cuyo extremo brillaba bruñida el ágata de sus picos.

Después almorzábamos juntos aquellos amigos de la noche pasada; entre todos, triunfante, con su pechera y su gran corbata oscura, el sabio obeso, futuro miembro del Instituto.

Y de repente, mientras todos charlaban de la última obra de Fremiet en el salón, exclamó Lesbia con su alegre voz de parisiense:

—¡Te!, como dice Tartarín: ¡el poeta ha visto ninfas!… —La contemplaron todos asombrados, y ella me miraba como una gata, y se reía como una chiquilla a quien se le hiciesen cosquillas.

EL FARDO

Allá lejos, en la línea como trazada con un lápiz azul que separa las aguas y los cielos, se iba hundiendo el sol, con sus polvos de oro y sus torbellinos de chispas purpuradas, como un gran disco de hierro candente. Ya el muelle fiscal iba quedando en quietud; los guardas pasaban de un punto a otro, las gorras metidas hasta las cejas, dando aquí y allá sus vistazos. Inmóvil el enorme brazo de los pescantes, los jornaleros se encaminaban a las casas. El agua murmuraba debajo del muelle, y el húmedo viento salado, que sopla de mar afuera a la hora en que la noche sube, mantenía las lanchas cercanas en un continuo cabeceo.

Todos los lancheros se habían ido ya; solamente el viejo tío Lucas, que por la mañana se estropeara un pie al subir una barrica a un carretón y que, aunque cojín cojeando había trabajado todo el día, estaba sentado en una piedra, y con la pipa en la boca veía triste el mar.

—¡Sí, tío Lucas! ¿Se descansa?

—Sí, pues, patroncito.

Y empezó la charla, esa charla agradable y suelta que me place entablar con los bravos hombres toscos que viven la vida del trabajo fortificante, la que da la buena salud y la fuerza del músculo y se nutre con el grano del poroto y la sangre hirviente de la viña.

Yo veía con cariño a aquel rudo viejo, y le oía con interés sus relaciones, así, todas cortadas, todas como de hombre basto, pero de pecho ingenuo. ¡Ah, conque fue militar! ¡Conque de mozo fue soldado de Bulnes! ¡Conque todavía tuvo resistencias para ir con su rifle hasta Miraflores! Y es casado, y tuvo un hijo, y…

Y aquí el tío Lucas:

—Sí, patrón, ¡hace dos años que se me murió!

Aquellos ojos, chicos y relumbrantes bajo las cejas grises y peludas, se humedecieron entonces.

—¿Que cómo se murió? En el oficio, por darnos de comer a todos, a mi mujer, a los chiquillos y a mí, patrón, que entonces me hallaba enfermo.

Y todo me lo refirió al comenzar aquella noche, mientras las olas se cubrían de brumas y la ciudad encendía sus luces; él, en la piedra que le servía de asiento, después de apagar su negra pipa y de colocársela en la oreja, y de estirar y cruzar sus piernas flacas y musculosas, cubiertas por los sucios pantalones arremangados hasta el tobillo.

El muchacho era muy honrado y muy de trabajo. Se quiso ponerlo a la escuela desde grandecito; pero ¡los miserables no deben aprender a leer cuando se llora de hambre en el cuartucho!

El tío Lucas era casado, tenía muchos hijos.

Su mujer llevaba la maldición del vientre de los pobres: la fecundidad. Había, pues, mucha boca abierta que pedía pan; mucho chico sucio que se revolcaba en la basura, mucho cuerpo magro que temblaba de frío; era preciso ir a llevar qué comer, a buscar harapos, y para eso quedar sin alimento y trabajar como un buey.

Cuando el hijo creció, ayudó al padre. Un vecino, el herrero, quiso enseñarle su industria, pero como entonces era tan débil, casi un armazón de huesos, y en el fuelle tenía que echar el bofe, se puso enfermo y volvió al conventillo. ¡Ah, estuvo muy enfermo! Pero no murió. ¡No murió! Y eso que vivían en uno de esos hacinamientos humanos, entre cuatro paredes destartaladas, viejas, feas, en la callejuela inmunda de las mujeres perdidas, hedionda a todas horas, alumbrada de noche por escasos faroles, y donde resuenan en perpetua llamada a las zambras de echacorvería, las arpas y los acordeones, y el ruido de los marineros que llegan al burdel, desesperados con la castidad de las largas travesías, a emborracharse como cubas y a gritar y patalear como condenados. ¡Sí! Entre la podredumbre, al estrépito de las fiestas tunantescas, el chico vivió, y pronto estuvo sano y en pie.

Luego, llegaron sus quince años.

El tío Lucas había logrado, tras mil privaciones, comprar una canoa. Se hizo pescador.

Al venir el alba, iba con su mocetón al agua, llevando los enseres de la pesca. El uno remaba, el otro ponía en los anzuelos la carnada. Volvían a la costa con buena esperanza de vender lo hallado, entre la brisa fría y las opacidades de la neblina, cantando en baja voz algún «triste», y enhiesto el remo triunfante que chorreaba espuma.

Si había buena venta, otra salida por la tarde.

Una de invierno había temporal. Padre e hijo en la pequeña embarcación sufrían en el mar la locura de la ola y del viento. Difícil era llegar a tierra. Pesca y todo se fue al agua, y se pensó en librar el pellejo. Luchaban como desesperados por ganar la playa. Cerca de ella estaban, pero una racha maldita les empujó contra una roca y la canoa se hizo astillas. Ellos salieron sólo magullados, ¡gracias a Dios!, como decía el tío Lucas al narrarlo. Después, ya son ambos lancheros.

Sí, lancheros; sobre las grandes embarcaciones chatas y negras; colgándose de la cadena que rechina pendiente como una sierpe de hierro del macizo pescante que semeja una horca; remando en pie y a compás; yendo con la lancha del muelle al vapor y del vapor al muelle, gritando «¡hiooeep!» cuando se empujan los pesados bultos para engancharlos en la uña potente que los levanta balanceándolos como un péndulo; ¡sí!, lancheros: el viejo y el muchacho, el padre y el hijo; ambos a horcajadas sobre un cajón, ambos forcejeando, ambos ganando su jornal para ellos y para sus queridas sanguijuelas del conventillo.

Íbanse todos los días al trabajo, vestidos de viejo, fajadas las cinturas con sendas bandas coloradas, y haciendo sonar a una sus zapatos groseros y pesados que se quitaban al comenzar la tarea, tirándolos en un rincón de la lancha.

Empezaba el trajín, el cargar y descargar. El padre era cuidadoso: —¡Muchacho, que te rompes la cabeza! ¡Que te coge la mano el chicote! ¡Que vas a perder una canilla! —Y enseñaba, adiestraba, dirigía el hijo con su modo, con bruscas palabras de obrero viejo y de padre encariñado.

Hasta que un día el tío Lucas no pudo moverse de la cama, porque el reumatismo le hinchaba las coyunturas y le taladraba los huesos.

¡Oh! Y había que comprar medicinas y alimentos; eso sí.

—Hijo, al trabajo, a buscar plata; hoy es sábado.

Y se fue el hijo, solo, casi corriendo, sin desayunarse, a la faena diaria.

Era un bello día de luz clara, de sol de oro. En el muelle rondaban los carros sobre sus rieles, crujían las poleas, chocaban las cadenas. Era la gran confusión del trabajo que da vértigos, el son de hierro, traqueteos por doquiera, y el viento pasando por el bosque de árboles y jarcias de los navíos en grupo.

Debajo de uno de los pescantes del muelle estaba el hijo del tío Lucas con otros lancheros, descargando a toda prisa. Había que vaciar la lancha repleta de fardos. De tiempo en tiempo bajaba la larga cadena que remata en un garfio, sonando como una matraca al correr de la roldana; los mozos amarraban los bultos con una cuerda doblada en dos, los enganchaban en el garfio, y entonces éstos subían a la manera de un pez en un anzuelo o del plomo de una sonda, ya quietos, ya agitándose de un lado a otro, como un badajo en el vacío.

La carga estaba amontonada. La ola movía pausadamente de cuando en cuando la embarcación colmada de fardos. Éstos formaban una a modo de pirámide en el centro. Había uno muy pesado, muy pesado. Era el más grande de todos, ancho, gordo y oleroso a brea. Venía en el fondo de la lancha. Un hombre, en pie sobre él, era pequeña figura para el grueso zócalo.

Era algo como todos los prosaísmos de la importación envueltos en lona y fajados con correas de hierro. Sobre sus costados, en medio de líneas y de triángulos negros, había letras que miraban como ojos. —Letras en «diamante»— decía el tío Lucas. Sus cintas de hierro estaban apretadas con clavos cabezudos y ásperos; y en las entrañas tendría el monstruo, cuando menos, linones y percales.

Sólo él faltaba.

—¡Se va el bruto! —dijo uno de los lancheros.

—El Barrigón —agregó otro,

El hijo del tío Lucas, que estaba ansioso de acabar pronto, se alistaba para ir a cobrar y desayunarse, anudándose un pañuelo de cuadros al pescuezo.

Bajó la cadena danzando en el aire. Se amarró un gran lazo al fardo, se probó si estaba bien seguro, y se gritó: «¡Iza!», mientras la cadena tiraba de la masa chirriando y levantándola en vilo.

Los lancheros, en pie, miraban subir el enorme peso, y se preparaban para ir a tierra cuando se vio una cosa horrible. El fardo, el grueso fardo, se zafó del lazo, como de un collar holgado saca un perro la cabeza, y cayó sobre el hijo del tío Lucas, que entre el filo de la lancha y el gran bulto quedó con los riñones rotos, el espinazo desencajado y echando sangre negra por la boca.

Aquel día no hubo pan ni medicinas en casa del tío Lucas, sino el muchacho destrozado, al que se abrazaba llorando el reumático, entre la gritería de la mujer y de los chicos, cuando llevaban el cadáver al cementerio.

Me despedí del viejo lanchero, y a pasos elásticos dejé el muelle, tomando el camino de la casa y haciendo filosofía con toda la cachaza de un poeta, en tanto que una brisa glacial, que venía de mar afuera, pellizcaba tenazmente las narices y las orejas.

EL VELO DE LA REINA MAB

La reina Mab, en su carro hecho de una sola perla, tirado por cuatro coleópteros de petos dorados y alas de pedrería, caminando sobre un rayo de sol, se coló por la ventana de una buhardilla donde estaban cuatro hombres flacos, barbudos e impertinentes, lamentándose como unos desdichados.

Por aquel tiempo las hadas habían repartido sus dones a los mortales. A unos habían dado las varitas misteriosas que llenan de oro las pesadas cajas del comercio; a otros, unas espigas maravillosas que al desgranarlas colmaban las trojes de riqueza; a otros, unos cristales que hacían ver en el riñón de la madre tierra oro y piedras preciosas; a quiénes, cabelleras espesas y músculos de Goliat, y mazas enormes para machacar el hierro encendido, y a quiénes, talones fuertes y piernas ágiles para montar en las rápidas caballerías que se beben el viento y que tienden las crines en la carrera.

Los cuatro hombres se quejaban. Al uno le había tocado en suerte una cantera, al otro el iris, al otro el ritmo, al otro el cielo azul.

La reina Mab oyó sus palabras. Decía el primero. —¡Y bien ¡Heme aquí en la gran lucha de mis sueños de mármol! Yo he arrancado el bloque y tengo el cincel. Todos tenéis, unos el oro, otros la armonía, otros la luz; yo pienso en la blanca y divina Venus, que muestra su desnudez bajo el plafón color del cielo. Yo quiero dar a la masa la línea y la hermosura plástica, y que circule por las venas de la estatua una sangre incolora como la de los dioses. Yo tengo el espíritu de Grecia en el cerebro, y amo los desnudos en que la ninfa huye y el fauno tiende los brazos. ¡Oh, Fidias! Tú eres para mí soberbio y augusto como un semidiós, en el recinto de la eterna belleza, rey ante un ejército de hermosuras que a tus ojos arrojan el magnífico Kiton, mostrando la esplendidez de la forma en sus cuerpos de rosa y de nieve.

Tú golpeas, hieres y domas el mármol, y suena el golpe armónico como un verso, y te adula la cigarra, amante del sol, oculta entre los pámpanos de la viña virgen. Para ti son los Apolos rubios y luminosos, las Minervas severas y soberanas. Tú, como un mago, conviertes la roca en simulacro y el colmillo del elefante en copa del festín. Y al ver tu grandeza siento el martirio de mi pequeñez. Porque pasaron los tiempos gloriosos. Porque tiemblo ante las miradas de hoy. Porque contemplo el ideal inmenso y las fuerzas exhaustas. Porque a medida que cincelo el bloque me ataraza el desaliento.

Y decía el otro: —Lo que es hoy romperé mis pinceles. ¿Para qué quiero el iris y esta gran paleta de campo florido, si a la postre mi cuadro no será admitido en el salón? ¿Qué abordaré? He recorrido todas las escuelas, todas las inspiraciones artísticas. He pintado el torso de Diana y el rostro de la Madona. He pedido a las campiñas sus colores, sus matices; he adulado a la luz como a una amada, y la he abrazado como a una querida. He sido adorador del desnudo con sus magnificencias, con los tonos de sus carnaciones y con sus fugaces medias tintas. He trazado en mis lienzos los nimbos de los santos y las alas de los querubines. ¡Ah!, pero siempre el terrible desencanto. ¡El porvenir! ¡Vender una Cleopatra en dos pesetas para poder almorzar!

Y yo, ¡que podría en el estremecimiento de mi inspiración trazar el gran cuadro que tengo aquí dentro!

Y decía el otro: —Perdida mi alma en la gran ilusión de mis sinfonías, temo todas las decepciones. Yo escucho todas las armonías, desde la lira de Terpandro hasta las fantasías orquestales de Wagner. Mis ideales brillan en medio de mis audacias de inspirado. Yo tengo la percepción del filósofo que oyó la música de los astros. Todos los ruidos pueden aprisionarse, todos los ecos son susceptibles de combinaciones. Todo cabe en la línea de mis escalas cromáticas.

La luz vibrante es himno, y la melodía de la selva halla un eco en mi corazón. Desde el ruido de la tempestad hasta el canto del pájaro, todo se confunde y enlaza en la infinita cadencia.

Entretanto, no diviso sino la muchedumbre que befa, y la celda del manicomio.

Y el último: —Todos bebemos del agua clara de la fuente de Jonia. Pero el ideal flota en el azul; y para que los espíritus gocen de la luz suprema, es preciso que asciendan. Yo tengo el verso que es de miel y el que es de oro, y el que es de hierro candente. Yo soy el ánfora del celeste perfume: tengo el amor. Paloma, estrella, nido, lirio, vosotros conocéis mi morada. Para los vuelos inconmensurables tengo alas de águila que parten a golpes mágicos el huracán. Y para hallar consonantes, las busco en dos bocas que se juntan; y estalla el beso, y escribo la estrofa, y entonces, si veis mi alma, conoceréis a mi musa. Amo las epopeyas, porque de ellas brota el soplo heroico que agita las banderas que ondean sobre las lanzas y los penachos que tiemblan sobre los cascos; los cantos líricos, porque hablan de las diosas y de los amores; y las églogas, porque son olorosas a verbena y tomillo, y el santo aliento del buey coronado de rosas. Yo escribiría algo inmortal; mas me abruma un porvenir de miseria y de hambre.

Entonces, la reina Mab, del fondo de su carro hecho de una sola perla, tomó un velo azul, casi impalpable, como formado de suspiros, o de miradas de ángeles rubios y pensativos. Y aquel velo era el velo de los sueños, de los dulces sueños que hacen ver la vida de color de rosa. Y con él envolvió a los cuatro hombres flacos, barbudos e impertinentes. Los cuales cesaron de estar tristes, porque penetró en su pecho la esperanza, y en su cabeza el sol alegre, con el diablillo de la vanidad, que consuela en sus profundas decepciones a los pobres artistas.

Y desde entonces, en las buhardillas de los brillantes infelices, donde flota el sueño azul, se piensa en el porvenir como en la aurora, y se oyen risas que quitan la tristeza, y se bailan extrañas farándulas alrededor de un blanco Apolo, de un lindo paisaje, de un violín viejo, de un amarillento manuscrito.

LA CANCIÓN DEL ORO

Aquel día, un harapiento, por las trazas un mendigo, tal vez un peregrino, quizá un poeta, llegó bajo la sombra de los altos álamos a la gran calle de los palacios, donde hay desafíos de soberbia entre el ónix y el pórfido, el ágata y el mármol; en donde las altas columnas, los hermosos frisos, las cúpulas doradas, reciben la caricia pálida del sol moribundo.

Había tras lo vidrios de las ventanas, en los vastos edificios de la riqueza, rostros de mujeres gallardas o de niños encantadores. Tras las rejas se adivinaban extensos jardines, grandes verdores salpicados de rosas y ramas que se balanceaban acompasada y blandamente como bajo la ley de un ritmo. Y allá en los grandes salones debía de estar el tapiz purpurado y lleno de oro, la blanca estatua, el bronce chino, el tibor cubierto de campos azules y de arrozales tupidos, la gran cortina recogida como una falda, ornada de flores opulentas, donde el ocre oriental hace vibrar la luz en la seda que resplandece. Luego las lunas venecianas, los palisandros y los cedros, los nácares y los ébanos, y el piano negro y abierto, que ríe mostrando sus teclas como una linda dentadura; y las arañas cristalinas, donde alzan las velas profusas la aristocracia de su blanca cera. ¡Oh, y más allá! Más allá el cuadro valioso, dorado por el tiempo, el retrato que firma Durand o Bonnat, y las preciosas acuarelas en que el tono rosado parece que emerge de un cielo puro y envuelve en una onda dulce desde el lejano horizonte hasta la hiedra trémula y humilde. Y más allá...

(Muere la tarde.

Llega a las puertas del palacio un carruaje flamante y charolado. Baja una pareja y entra con tal soberbia en la mansión, que el mendigo piensa: Decididamente, el aguilucho y su hembra van al nido. El tronco, ruidoso y azogado, a un golpe de látigo arrastra el carruaje haciendo relampaguear las piedras. Noche.)

Entonces en aquel cerebro de loco que ocultaba un sombrero raído, brotó como el germen de una idea que pasó al pecho, y fue opresión, y llegó a la boca hecho himno que le encendía la lengua y hacía entrechocar los dientes. Fue la visión de todos los mendigos, de todos los suicidas, de todos los borrachos, del harapo y de la llaga, de todos los que viven —¡Dios mío!— en perpetua noche, tanteando la sombra, cayendo al abismo, por no tener un mendrugo para llenar el estómago. Y después la turba feliz, el lecho blando, la trufa y el áureo vino que hierve, el raso y el muaré que con su roce ríen; el novio rubio y la novia morena cubierta de pedrería y blonda; y el gran reloj que la suerte tiene para medir la vida de los felices opulentos, y que, en vez de granos de arena, deja caer escudos de oro.

Aquella especie de poeta sonrió: pero su faz tenía aire dantesco. Sacó de su bolsillo un pan moreno, comió y dio al viento su himno. Nada más cruel que aquel canto tras el mordisco.

¡Cantemos el oro!

Cantemos el oro, rey del mundo, que lleva dicha y luz por donde va, como los fragmentos de un sol despedazado.

Cantemos el oro, que nace del vientre fecundo de la madre tierra; inmenso tesoro, leche de ubre gigantesca.

Cantemos el oro, río caudaloso, fuente de la vida que hace jóvenes y bellos a los que se bañan en sus corrientes maravillosas, y envejece a aquellos que no gozan de sus raudales.

Cantemos el oro, porque de él se hacen las tiaras de los pontífices, las coronas de los reyes y los cetros imperiales;

y porque se derrama por los montes como un fuego sólido, e inunda las capas de los arzobispos, y refulge en los altares y sostiene al Dios eterno en las custodias radiantes.

Cantemos el oro, porque podemos ser unos perdidos, y él nos pone mamparas para cubrir las locuras abyectas de la taberna y las vergüenzas de las alcobas adúlteras.

Cantemos el oro, porque al saltar del cuño lleva en su disco el perfil soberbio de los césares; y va a repletar las cajas de sus vastos templos, los bancos, y mueve las máquinas, y da la vida, y hace engordar los tocinos privilegiados.

Cantemos el oro, porque él da los palacios y los carruajes, los vestidos a la moda, y los frescos senos de las mujeres garridas; y las genuflexiones de espinazos aduladores y las muecas de los labios eternamente sonrientes.

Cantemos el oro, padre del pan.

Cantemos el oro, porque es, en las orejas de las lindas damas, sostenedor del rocío del diamante, el extremo de tan sonrosado y bello caracol; porque en los pechos siente el latido de los corazones; y en las manos a veces es símbolo de amor y de santa promesa.

Cantemos el oro, porque tapa las bocas que nos insultan; detiene las manos que nos amenazan, y pone vendas a los pillos que nos sirven.

Cantemos el oro, porque su voz es música encantada; porque es heroico y luce en las corazas de los héroes homéricos, y en las sandalias de las diosas y en los coturnos trágicos y en las manzanas del Jardín de las Hespérides.

Cantemos el oro, porque de él son las cuerdas de las grandes liras, la cabellera de las más tiernas amadas, los granos de la espiga y el peplo que al levantarse viste la olímpica aurora.

Cantemos el oro, premio y gloria del trabajador y pasto del bandido.

Cantemos el oro, que cruza por el carnaval del mundo disfrazado de papel, de plata, de cobre y hasta de plomo.

Cantemos el oro, amarillo como la muerte.

Cantemos el oro, calificado de vil por los hambrientos; hermano del carbón, oro negro que incuba el diamante; rey de la mina, donde el hombre lucha y la roca se desgarra; poderoso en el poniente, donde se tiñe de sangre; carne de ídolo, tela de que Fidias hace el traje de Minerva.

Cantemos el oro, en el arnés del caballo, en el carro de guerra, en el puño de la espada, en el lauro que ciñe cabezas luminosas, en la copa del festín dionisíaco, en el rayo del astro y en el champaña que burbujea como una disolución de topacios hirvientes.

Cantemos el oro, porque nos hace gentiles, educados y pulcros.

Cantemos el oro, porque es la piedra de toque de toda amistad.

Cantemos el oro, purificado por el fuego, como el hombre por el sufrimiento; mordido por la lima, como el hombre por la envidia; golpeado por el martillo, como el hombre por la necesidad; realzado por el estuche de seda, como el hombre por el palacio de mármol.

Cantemos el oro, esclavo, despreciado por Jerónimo, arrojado por Antonio, vilipendiado por Macario, humillado por Hilarión, maldecido por Pablo el Ermitaño, quien tenía por alcázar una cueva bronca, y por amigos las estrellas de la noche, los pájaros del alba y las fieras hirsutas y salvajes del yermo.

Cantemos el oro, dios becerro, tuétano de roca misterioso y callado en su entraña, y bullicioso cuando brota a pleno sol y a toda vida, sonante como un coro de tímpanos; feto de astros, residuo de luz, encarnación de éter.

Cantemos el oro, hecho sol, enamorado de la noche, cuya camisa de crespón riega de estrellas brillantes, después del último beso, como con una gran muchedumbre de libras esterlinas.

¡Eh!, miserables beodos, pobres de solemnidad, prostitutas, mendigos, vagos, rateros, bandidos, pordioseros peregrinos, y vosotros los desterrados, y vosotros los holgazanes, y, sobre todo, vosotros, ¡oh poetas!

¡Unámonos a los felices, a los poderosos, a los banqueros, a los semidioses de la tierra!

¡Cantemos el oro!

Y el eco se llevó aquel himno, mezcla de gemido, ditirambo y carcajada, y como ya la noche oscura y fría había entrado, el eco resonaba en las tinieblas.

Pasó una vieja y pidió limosna.

Y aquella especie de harapiento, por las trazas un mendigo, tal vez un peregrino, quizá un poeta, le dio su último mendrugo de pan petrificado, y se marchó por la terrible sombra, rezongando entre dientes.

EL RUBÍ

—¡Ah! ¡Conque es cierto! ¡Conque ese sabio parisiense ha logrado sacar del fondo de sus retortas, de sus matraces, la púrpura cristalina de que están incrustados los muros de mi palacio! Y al decir esto, el pequeño gnomo iba y venía de un lugar a otro, a cortos saltos, por la honda cueva que le servía de morada; y hacía temblar su larga barba y el cascabel de su gorro azul y puntiagudo.

En efecto, un amigo del centenario Chevreul —cuasi Althotas—, el químico Fremy, acababa de descubrir la manera de hacer rubíes y zafiros.

Agitado, conmovido, el gnomo —que era sabidor y de genio harto vivaz— seguía monologando.

—¡Ah, sabios de la Edad Media! ¡Ah, Alberto el Grande, Averroes, Raimundo Lulio! ¡Vosotros no pudisteis ver brillar el gran sol de la piedra filosofal, y he aquí que sin estudiar las fórmulas aristotélicas, sin saber cábala y nigromancia, llega un hombre del siglo decimonono a formar a la luz del día lo que nosotros fabricamos en nuestros subterráneos! ¡Pues el conjuro!: fusión por veinte días, de una mezcla de sílice y aluminio de plomo; coloración con bicromato de potasa o con óxido de cobalto. Palabras en verdad que parecen lengua diabólica.

Risa.

Luego se detuvo.

El cuerpo del delito estaba allí; en el centro de la gruta, sobre una gran roca de oro, un pequeño rubí, redondo, un tanto reluciente, como un grano de granada al sol.

El gnomo tocó su cuerno, el que llevaba a su cintura, y el eco resonó por las vastas concavidades. Al rato, un bullicio, un tropel, una algazara. Todos los gnomos habían llegado.

Era la cueva ancha, y había en ella una claridad extraña y blanca. Era la claridad de los carbunclos que en el techo de piedra centelleaban, incrustados, hundidos, apiñados, en focos múltiples; una dulce luz lo iluminaba todo.

A aquellos resplandores podía verse la maravillosa mansión en todo su esplendor. En los muros, sobre pedazos de plata y oro, entre venas de lapislázuli, formaban caprichosos dibujos, como los arabescos de una mezquita, gran muchedumbre de piedras preciosas. Los diamantes, blancos y limpios como gotas de agua, emergían los iris de sus cristalizaciones; cerca de calcedonias colgantes en estalactitas, las esmeraldas esparcían sus resplandores verdes, y los zafiros, en amontonamientos raros, en ramilletes que pendían del cuarzo, semejaban grandes flores azules y temblorosas.

Los topacios dorados, las amatistas, circundaban en franjas el recinto; y en el pavimento, cuajado de ópalos, sobre la pulida crisoprasa y el ágata, brotaba de trecho en trecho un hilo de agua que caía con una dulzura musical a gotas armónicas, como las de una flauta metálica soplada muy levemente.

¡Puck se había entrometido en el asunto, el pícaro Puck! Él había llevado el cuerpo del delito, el rubí falsificado, el que estaba ahí, sobre la roca de oro como una profanación entre el centelleo de todo aquel encanto.

Cuando los gnomos estuvieron juntos, unos con sus martillos y cortas hachas en las manos, otros de gala, con caperuzas flamantes y encarnadas, llenas de pedrería, todos furiosos, Puck dijo así:

—Me habéis pedido que os trajese una muestra de la nueva falsificación humana, y he satisfecho esos deseos.

Los gnomos, sentados a la turca, se tiraban de los bigotes; daban las gracias a Puck con una pausada inclinación de cabeza, y los más cercanos a él examinaban con gesto de asombro las lindas alas, semejantes a las de una hipsipila.

Continuó:

—¡Oh tierra! ¡Oh mujer! Desde el tiempo en que veía a Titania no he sido sino un esclavo de la una, un adorador casi místico de la otra.

Y luego, como si hablase en el placer de un sueño:

—¡Y esos rubíes! Es la gran ciudad de París, volando invisible, los vi por todas partes. Brillaban en los collares de las cortesanas, en las condecoraciones exóticas de los rastacueros, en los anillos de los príncipes italianos y en los brazaletes de las primadonas.

Y con pícara sonrisa siempre:

—Yo me colé hasta cierto gabinete rosado muy en boga… Había una hermosa mujer dormida. Del cuello le arranqué un medallón y del medallón el rubí. Ahí lo tenéis.

Todos soltaron la carcajada. ¡Qué cascabeleo!

—¡Eh, amigo Puck!

Y dieron su opinión después, acerca de aquella piedra falsa, obra de hombre, o de sabio, que es peor.

—¡Vidrio!

—¡Maleficio!

—¡Ponzoña y cábala!

—¡Química!

—¡Pretender imitar un fragmento del iris!

—¡El tesoro rubicundo de lo hondo del globo!

—¡Hecho de rayos del poniente solidificados!

El gnomo más viejo, andando con sus piernas torcidas, su gran barba nevada, su aspecto de patriarca, su cara llena de arrugas:

—Señores —dijo—, ¡no sabéis lo que habláis!

Todos escucharon.

—Yo, yo que soy el más viejo de vosotros, puesto que apenas sirvo ya para martillar las facetas de los diamantes, yo, que he visto formarse estos hondos alcázares, que he cincelado los huesos de la tierra, que he amasado el oro, que he dado un día un puñetazo a un muro de piedra, y caí a un lago donde violé a una ninfa; yo, el viejo, os referiré cómo se hizo el rubí.

Oíd.

Puck sonreía curioso. Todos los gnomos rodearon al anciano cuyas canas palidecían a los resplandores de la pedrería, y cuyas manos extendían su movible sombra en los muros, cubiertos de piedras preciosas, como un lienzo lleno de miel donde se arrojasen granos de arroz.

—Un día, nosotros, los escuadrones que tenemos a nuestro cargo las minas de diamantes, tuvimos una huelga que conmovió toda la tierra, y salimos en fuga por los cráteres de los volcanes.

El mundo estaba alegre, todo era vigor y juventud; y las rosas, y las hojas verdes y frescas, y los pájaros en cuyos buches entra el grano y brota el gorjeo, y el campo todo, saludaban al sol y a la primavera fragante.

Estaba el monte armónico y florido, lleno de trinos y de abejas; era una grande y santa nupcia la que quebraba la luz, y en el árbol la savia ardía profundamente, y en el animal todo era estremecimiento o balido o cántico, y en el gnomo había risa y placer.

Yo había salido por un cráter apagado. Ante mis ojos había un campo extenso. De un salto me puse sobre un gran árbol, una encina vieja. Luego bajé al tronco, y me hallé cerca de un arroyo, un río pequeño y claro donde las aguas charlaban diciéndose bromas cristalinas. Yo tenía sed. Quise beber allí… Ahora, oíd mejor.

Brazos, espaldas, senos desnudos, azucenas, rosas, panecillos de marfil coronados de cerezas, ecos de risas áureas, festivas; y allá entre las espumas, entre las linfas rotas, bajo las verdes ramas…

—¿Ninfas?

—No: mujeres.

Yo sabía cuál era mi gruta. Con dar un golpe en el suelo, abría la arena negra y llegaba a mi dominio. ¡Vosotros, pobrecillos, gnomos jóvenes, tenéis mucho que aprender!

Bajo los retoños de unos helechos nuevos me escurrí sobre unas piedras deslavadas por la corriente espumosa y parlante; y a ella, a la hermosa, a la mujer, la así por la cintura, con este brazo antes tan musculoso; gritó, golpeé en el suelo, descendimos. Arriba quedó el asombro; abajo el gnomo soberbio y vencedor.

Un día martilleaba un trozo de diamante inmenso que brillaba como un astro y que al golpe de mi maza se hacía pedazos.

El pavimento de mi taller se asemejaba a los restos de un sol hecho trizas. La mujer amada descansaba a un lado, rosa de carne entre maceteros de zafir, emperatriz del oro, en un lecho de cristal de roca, toda desnuda y espléndida como una diosa.

Pero en el fondo de mis dominios, mi reina, mi querida, mi bella, me engañaba. Cuando el hombre ama de veras, su pasión lo penetra todo y es capaz de traspasar la tierra.

Ella amaba a un hombre, y desde su prisión le enviaba sus suspiros. Éstos pasaban los poros de la corteza terrestre y llegaban a él; y él, amándola también, besaba las rosas de cierto jardín; y ella, la enamorada, tenía —yo lo notaba— convulsiones súbitas en que estiraba sus labios rosados y frescos como pétalos de centifolia. ¿Cómo ambos así se sentían? Con ser quien soy, no lo sé.

Había acabado yo mi trabajo: un gran montón de diamantes hechos en un día; la tierra abría sus grietas de granito como los labios con sed, esperando el brillante despedazamiento del rico cristal. Al fin de la faena, cansado, di un martillazo que rompió una roca, y me dormí.

Desperté al rato al oír algo como un gemido.

De su lecho, de su mansión más luminosa y rica que las de todas las reinas de Oriente, había volado, fugitiva, desesperada, la amada mía, la mujer robada. ¡Ay!, y queriendo huir por el agujero abierto por mi maza de granito, desnuda y bella, destrozó su cuerpo blanco y suave como de azahar y mármol y rosa, en los filos de diamantes rotos. Heridos sus costados, chorreaba la sangre; los quejidos eran conmovedores hasta las lágrimas. ¡Oh, dolor!

Yo desperté, la tomé en mis brazos, la di mis besos más ardientes; mas la sangre corría inundando el recinto y la gran masa diamantina se teñía de grana. Me pareció que sentía, al darle un beso, un perfume salido de aquella boca encendida: el alma; el cuerpo quedó inerte.

Cuando el gran patriarca nuestro, el centenario semidiós de las entrañas terrestres, pasó por allí, encontró aquella muchedumbre de diamantes rojos.

Pausa.

—¿Habéis comprendido?

Los gnomos, muy graves, se levantaron.

Examinaron más de cerca la piedra falsa, hechura del sabio.

—¡Mirad; no tiene facetas!

—Brilla pálidamente.

—¡Impostura!

—¡Es redonda como la coraza de un escarabajo!

Y en ronda, uno por aquí, otro por allá, fueron a arrancar de los muros pedazos de arabescos, rubíes grandes como una naranja, rojos y chispeantes como un diamante hecho sangre; y decían:

—He aquí lo nuestro, ¡oh, madre Tierra!

Aquello era una orgía de brillo y de color.

Y lanzaban al aire las gigantescas piedras luminosas y reían.

De pronto, con toda la dignidad de un gnomo:

—¡Y bien! El desprecio.

Se comprendieron todos. Tomaron el rubí falso, lo despedazaron y arrojaron los fragmentos —con desdén terrible— a un hoyo que abajo daba a antiquísima selva carbonizada.

Después, sobre sus rubíes, sobre sus ópalos, entre aquellas paredes resplandecientes empezaron a bailar asidos de las manos una farándola loca y sonora.

Y celebraron con risas el verse grandes en la sombra.

Ya Puck volaba afuera, en el abejeo del alba recién nacida, camino de una pradera en flor. Y murmuraba, siempre con su sonrisa sonrosada:

—Tierra… Mujer…

Porque tú, ¡oh, madre Tierra!, eres grande, fecunda, de seno inextinguible y sacro, y de tu vientre moreno brota la savia de los troncos robustos, y el oro y el agua diamantina y la casta flor de lis. ¡Lo puro, lo fuerte, lo infalsificable! ¡Y tú, Mujer, eres espíritu y carne, toda amor!

EL PALACIO DEL SOL

A vosotras, madres de las muchachas anémicas, va esta historia, la historia de Berta, la niña de los ojos color de aceituna, fresca como una rama de durazno en flor, luminosa como un alba, gentil como la princesa de un cuento azul.

Ya veréis, sanas y respetables señoras, que hay algo mejor que el arsénico y el hierro para encender la purpura de las lindas mejillas virginales; y que es preciso abrir la puerta de su jaula a vuestras avecitas encantadoras, sobre todo cuando llega el tiempo de la primavera y hay los jardines, como un enjambre de oro sobre las rosas entreabiertas.

Cumplidos sus quince años, Berta empezó a entristecerse en tanto que sus ojos llameantes se rodeaban de ojeras melancólicas. —Berta: te he comprado dos muñecas... —No las quiero, mamá... —He hecho traer los Nocturnos... —Me duelen los dedos, mamá... —Entonces... —Estoy triste, mamá... —Pues que se llame al doctor.

Y llegaron las antiparras de aros de carey, los guantes negros, la calva ilustre y el cruzado levitón.

Ello era natural...., el desarrollo..., la edad... Síntomas claros, falta de apetito, algo como una opresión en el pecho, tristeza, punzadas a veces en las sienes, palpitación... Ya sabéis; dad a vuestra niña glóbulos de ácido arsenioso, luego duchas. El tratamiento... Y empezó a curar su melancolía, con glóbulos y duchas, al comenzar la primavera, Berta, la niña de los ojos color de aceituna, que llegó a estar fresca como una rama de durazno en flor, luminosa como un alba, gentil como la princesa de un cuento azul.

A pesar de todo, las ojeras persistieron, la tristeza continuó, y Berta, pálida como un precioso marfil, llegó un día a las puertas de la muerte.

Todos lloraban por ella en el palacio, y la sana y sentimental mamá hubo de pensar en las palmas blancas del ataúd de las doncellas. Hasta que una mañana, la lánguida anémica bajó al jardín, sola, y siempre con su vaga atonía melancólica, a la hora en que el alba ríe. Suspirando erraba sin rumbo, aquí, allá; y las flores estaban tristes de verla. Se apoyó en el zócalo de un fauno soberbio y bizarro, que, húmedos de rocío sus cabellos de mármol, bañaba en luz su torso, espléndido y desnudo. Vio un lirio que erguía al azul la pureza de su cáliz blanco, y estiró la mano para cogerlo. No bien había… —Sí, un cuento de hadas, señoras mías, pero ya veréis sus aplicaciones en una querida realidad—; no bien había tocado el cáliz de la flor, cuando dc él surgió de súbito un hada, en su carro áureo y diminuto, vestida de hilos brillantísimos e impalpables, con su aderezo de rocío, su diadema de perlas y su varita de plata.

¿Creéis que Berta se amedrentó? Nada de eso. Batió palmas, alegre, se reanimó como por encanto, y dijo al hada: —¿Tú eres la que me quieres tanto en sueños? —Sube —respondió el hada. Y como si Berta se hubiese empequeñecido, de tal modo cupo en la concha del carro de oro, que hubiera estado holgada sobre el ala corva de un cisne a flor de agua. Y las flores, el fauno orgulloso, la luz del día, vieron cómo en el carro del hada iba por el viento plácida y sonriendo al sol, Berta, la niña de los ojos de color de aceituna, fresca como un alba, gentil como la princesa de un cuento azul.

Cuando Berta, ya alto el divino cochero, subió a los salones por las gradas del jardín que imitaban esmeragdina, todos, la mamá, la prima, los criados, pusieron la boca en forma de O. Venía ella saltando como un pájaro, con el rostro lleno de vida y de púrpura, el seno hermoso y henchido, recibiendo las caricias de una crencha castaña, libre y al desgaire, los brazos desnudos hasta el codo, medio mostrando la malla de sus casi imperceptibles venas azules, los labios entreabiertos por la sonrisa, como para emitir una canción.

Todos exclamaron: —¡Aleluya! ¡Gloria! ¡Hosanna al rey de los Esculapios! ¡Fama eterna a los glóbulos de ácido arsenioso y a las duchas triunfales! Y mientras Berta corrió a su gabinete a vestir sus más ricos brocados, se enviaron presentes al viejo de las antiparras de aros de carey, de los guantes negros, de la calva ilustre y del cruzado levitón. Y ahora, oíd vosotras, madres de las muchachas anémicas, cómo hay algo mejor que el arsénico y el hierro para eso de encender la púrpura de las lindas mejillas virginales. Y sabréis cómo no, no fueron los glóbulos; no, no fueron las duchas; no, no fue el farmacéutico quien devolvió la salud y la vida a Berta, la niña de los ojos de color de aceituna, alegre y fresca como una rama de durazno en flor, luminosa como un alba, gentil como la princesa de un cuento azul.

Así que Berta se vio en el carro del hada, la preguntó: —Y ¿adónde me llevas? —Al palacio del Sol. —Y desde luego sintió la niña que sus manos se tornaban ardientes, y que su corazoncito le saltaba como henchido de sangre impetuosa. —Oye —siguió el hada—: yo soy la buena hada de los sueños de las niñas adolescentes: yo soy la que curo a las cloróticas con sólo llevarlas en mi carro de oro al palacio del Sol, adonde vas tú. Cuida de no beber tanto el néctar de la danza, y de no desvanecerte en las primeras rápidas alegrías. Ya llegamos. Pronto volverás a tu morada. Un minuto en el palacio del Sol deja en los cuerpos y en las almas años de fuego, niña mía.

En verdad, estaba en un lindo palacio encantado, donde parecía sentirse el Sol en el ambiente. ¡Oh, qué luz, qué incendios! Sintió Berta que se le llenaban los pulmones de aire de campo y de mar, y las venas de fuego; sintió en el cerebro esparcimientos de armonía, y como que el alma se le ensanchaba, cómo se ponía más elástica y tersa su delicada carne de mujer. Luego vio sueños reales, y oyó músicas embriagantes. En vastas galerías deslumbradoras, llenas de claridades y de aromas, de sederías y de mármoles, vio un torbellino de parejas arrebatadas por las ondas invisibles y dominantes de un vals. Vio que otras tantas anémicas, como ella, llegaban pálidas y entristecidas, respiraban aquel aire y luego se arrojaban en brazos de jóvenes vigorosos y esbeltos, cuyos bozos de oro y finos cabellos brillaban a la luz, y danzaban, con ellos, en una ardiente estrechez, oyendo requiebros misteriosos que iban al alma, respirando de tanto en tanto como hálitos impregnados de vainilla, de haba de Tonka, de violeta, de canela, hasta que con fiebre, jadeantes, rendidas, como palomas fatigadas de un largo vuelo, caían sobre cojines de seda, los senos palpitantes, las gargantas sonrosadas, y así, soñando, soñando en cosas embriagadoras… ¡Y ella también cayó al remolino, al maelstrom atrayente, y bailó, y gritó, pasó entre los espasmos de un placer agitado!; y recordaba entonces que no debía embriagarse tanto con el vino de la danza, aunque no cesaba de mirar al hermoso compañero, con sus grandes ojos de mirada primaveral. Y él la arrastraba por las vastas galerías, ciñendo su talle y hablándola al oído en la lengua amorosa y rítmica de los vocablos apacibles, de las frases irisadas y olorosas, de los períodos cristalinos y orientales.

Y entonces, ella sintió que su cuerpo y su alma se llenaban de sol, de efluvios poderosos y de vida. ¡No, no esperéis más!

El hada la volvió al jardín de su palacio, al jardín donde cortaba flores envuelta en una oleada de perfumes, que subía místicamente a las ramas trémulas para flotar como alma errante de los cálices muertos.

¡Madres de las muchachas anémicas! Os felicito por la victoria de los arseniatos e hipofosfitos del señor doctor. Pero en verdad os digo: es preciso, en provecho de las lindas mejillas virginales, abrir la puerta de su jaula a vuestras avecitas encantadoras, sobre todo en el tiempo de primavera, cuando hay ardor en las venas y en las savias, y mil átomos de sol abejean en los jardines como un enjambre de oro sobre las losas entreabiertas. Para vuestras cloróticas, el sol en los cuerpos y en las almas. Si el palacio del Sol, de donde vuelven las niñas como Berta, la de los ojos color de aceituna, frescas como una rama de durazno en flor, luminosas como un alba, gentiles como la princesa de un cuento azul.

EL PÁJARO AZUL

París es teatro divertido y terrible. Entre los concurrentes al café Plombier, buenos y decididos muchachos —pintores, escultores, escritores, poetas; sí, ¡todos buscando el viejo laurel verde!—, ninguno más querido que aquel pobre Garcín, triste casi siempre, buen bebedor de ajenjo, soñador que nunca se emborrachaba y, como bohemio intachable, bravo improvisador.

En el cuartucho destartalado de nuestras alegres reuniones guardaba el yeso de las paredes, entre los esbozos de rasgos de futuros Delacroix, versos, estrofas enteras escritas en letra echada y gruesa de nuestro pájaro azul.

El pájaro azul era el pobre Garcín. ¿No sabéis por qué se llamaba así? Nosotros le bautizamos con ese nombre.

Ello no fue un simple capricho. Aquel excelente muchacho tenía el vino triste. Cuando le preguntábamos por qué, cuando todos reíamos como insensatos o como chicuelos, él arrugaba el ceño y miraba fijamente al cielo raso, y nos respondía sonriendo con cierta amargura:

—Camaradas: habéis de saber que tengo un pájaro azul en el cerebro; por consiguiente…

Sucedió también que gustaba de ir a las campiñas nuevas al entrar la primavera. El aire del bosque hacía bien a sus pulmones, según nos decía el poeta.

De sus excursiones solía traer ramos de violetas y gruesos cuadernillos de madrigales, escritos al ruido de las hojas y bajo el ancho cielo sin nubes. Las violetas eran para Niní, su vecina, una muchacha fresca y rosada, que tenía los ojos muy azules.

Los versos eran para nosotros. Nosotros los leíamos y aplaudíamos. Todos teníamos una alabanza para Garcín. Era un ingenio que debía brillar. El tiempo vendría. ¡Oh, el pájaro azul volaría muy alto! ¡Bravo! ¡Bien! ¡Eh, mozo, más ajenjo!

Principios de Garcín:

De las flores, las lindas campánulas.

Entre las piedras preciosas, el zafiro.

De las inmensidades, el cielo y el amor; es decir, las pupilas de Niní.

Y repetía el poeta: «Creo que siempre es preferible la neurosis a la estupidez».

A veces Garcín estaba más triste que de costumbre.

Andaba por los bulevares; veía pasar, indiferente, los lujosos carruajes, los elegantes, las hermosas mujeres. Frente al escaparate de un joyero sonreía; pero cuando pasaba cerca de un almacén de libros se llegaba a las vidrieras, husmeaba, y al ver las lujosas ediciones se declaraba decididamente envidioso, arrugaba la frente; para desahogarse volvía el rostro hacia el cielo y suspiraba. Corría al café en busca de nosotros, conmovido, exaltado, pedía su vaso de ajenjo y nos decía:

—Sí; dentro de la jaula de mi cerebro está preso un pájaro azul que quiere su libertad...

Hubo algunos que llegaron a creer en un descalabro de razón.

Un alienista a quien se le dio la noticia de lo que pasaba, calificó el caso como una monomanía especial. Sus estudios patológicos no dejaban lugar a duda.

Decididamente, el desgraciado Garcín estaba loco.

Un día recibió de su padre, un viejo provinciano de Normandía, comerciante en trapos, una carta que decía lo siguiente, poco más o menos:

«Sé tus locuras en París. Mientras permanezcas de ese modo no tendrás de mí un solo sou. Ven a llevar los libros de mi almacén, y cuando hayas quemado, gandul, tus manuscritos de tonterías, tendrás mi dinero.»

Esta carta se leyó en el café Plombier.

—¿Y te irás?

—¿No te irás?

—¿Aceptas?
—¿Desdeñas?
¡Bravo Garcín! Rompió la carta, y soltando el trapo a la ventana improvisó unas cuantas estrofas, que acababan, si mal no recuerdo:

¡Sí; seré siempre un gandul,
lo cual aplaudo y celebro,
mientras sea mi cerebro
jaula del pájaro azul!

Desde entonces Garcín cambió de carácter. Se volvió charlador, se dio un baño de alegría, compró una levita nueva y comenzó un poema en tercetos titulado: El pájaro azul.

Cada noche se leía en nuestra tertulia algo nuevo de la obra. Aquello era excelente, sublime, disparatado.

Allí había un cielo muy hermoso, una campiña muy fresca, países brotados como por la magia del pincel de Corot, rostros de niños asomados entre flores, los ojos de Niní húmedos y grandes, y, por añadidura, el buen Dios que envía volando, volando, sobre todo aquello un pájaro azul que, sin saber cómo ni cuándo, anida dentro del cerebro del poeta, en donde queda aprisionado. Cuando el pájaro quiere volar y abre las alas se da contra las paredes del cráneo, se alzan los ojos al cielo, se arruga la frente y se bebe ajenjo con poca agua, fumando además, por remate, un cigarrillo de papel.

He aquí el poema.

Una noche llegó Garcín riendo mucho y, sin embargo, muy triste.

La bella vecina había sido conducida al cementerio.

—¡Una noticia! ¡Una noticia! Canto último de mi poema. Niní ha muerto. Viene la primavera y Niní se va. Ahorro de violetas para la campiña. Ahora falta el epílogo del poema. Los editores no se dignan siquiera leer mis versos.

Vosotros, muy pronto, tendréis que dispersaros. La ley del tiempo. El epílogo se debe titular así: De cómo el pájaro azul alza el vuelo al cielo azul.

¡Plena primavera! ¡Los árboles florecidos!, las nubes rosadas en el alba y pálidas por la tarde, el aire suave que mueve las hojas y hace aletear las cintas de los sombreros de paja con especial ruido! Garcín no ha ido al campo.

Hele ahí; viene con un traje nuevo a nuestro amado café Plombier, pálido, con una sonrisa triste.

—¡Amigos míos, un abrazo! Abrazadme todos así, fuerte; decidme adiós con todo el corazón, con toda el alma... El pájaro azul vuela...

Y el pobre Garcín lloró, nos estrechó, nos apretó las manos con todas sus fuerzas y se fue.

Todos dijimos: Garcín, el hijo pródigo, busca a su padre, el viejo normando. —Musas, adiós; adiós, Gracias. ¡Nuestro poeta se decide a medir trapos! ¡Eh! ¡Una copa por Garcín!

Pálidos, asustados, entristecidos, al día siguiente todos los parroquianos del café Plombier, que metíamos tanta bulla en aquel cuartucho destartalado, nos hallábamos en la habitación de Garcín. Él estaba en su lecho sobre las sábanas ensangrentadas, con el cráneo roto de un balazo. Sobre la almohada había fragmentos de masa cerebral... ¡Horrible!

Cuando, repuestos de la impresión, pudimos llorar ante el cadáver de nuestro amigo, encontramos que tenía consigo el famoso poema. En la última página había escrito estas palabras:

Hoy, en plena primavera, dejo abierta la puerta de la jaula al pájaro azul.

¡Ay, Garcín, cuántos llevan en el cerebro tu misma enfermedad!

PALOMAS BLANCAS Y GARZAS MORENAS

Mi prima Inés era rubia como una alemana. Fuimos criados juntos, desde muy niños, en casa de la buena abuelita, que nos amaba mucho y nos hacía vernos como hermanos, vigilándonos cuidadosamente, viendo que no riñésemos. ¡Adorable la viejecita, con sus trajes a grandes flores y sus cabellos crespos y recogidos como una vieja marquesa de Bouchez!

Inés era un poco mayor que yo. No obstante, yo aprendí a leer antes que ella, y comprendía —lo recuerdo muy bien— lo que ella recitaba de memoria, maquinalmente, en una pastorela, donde bailaba y cantaba delante del niño Jesús, la hermosa María y el señor San José; todo con el gozo de las sencillas personas mayores de la familia, que reían con risa de miel, alabando el talento de la actrizuela.

Inés crecía. Yo también, pero no tanto como ella. Yo debía entrar a un colegio, en internado terrible y triste, a dedicarme a los áridos estudios del bachillerato, a comer los platos clásicos de los estudiantes, a no ver el mundo —¡mi mundo de mozo!— y mi casa, mi abuela, mi prima, mi gato, un excelente romano que se restregaba cariñosamente en mis piernas y me llenaba los trajes negros de pelos blancos.

Partí.

Allá, en el colegio, mi adolescencia se despertó por completo. Mi voz tomó timbres aflautados y roncos; llegué al período ridículo del niño que pasa a joven. Entonces, por un fenómeno especial, en vez de preocuparme de mi profesor de matemáticas, que no logró nunca hacer que yo comprendiese el binomio de Newton, pensé —todavía vaga y misteriosamente— en mi prima Inés.

Luego tuve revelaciones profundas. Supe muchas cosas. Entre ellas, que los besos eran un placer exquisito.

Tiempo.

Leí Pablo y Virginia. Llegó un fin de año escolar y salí de vacaciones, rápido como una saeta, camino de mi casa. ¡Libertad!

Mi prima —pero ¡Dios santo, en tan poco tiempo!— se había hecho una mujer completa. Yo delante de ella me hallaba como avergonzado, un tanto serio. Cuando me dirigía la palabra me ponía a sonreírle con una sonrisa simple.

Ya tenía quince años y medio Inés. La cabellera dorada y luminosa al sol era un tesoro. Blanca y levemente amapolada, su cara era una creación murillesca, si se veía de frente. A veces, contemplando su perfil, pensaba en una soberbia medalla siracusana, en un rostro de princesa. El traje corto antes, había descendido. El seno, firme y esponjado, era un ensueño oculto y supremo; la voz clara y vibrante, las pupilas azules inefables, la boca llena de fragancia de vida y de color de púrpura. ¡Sana y virginal primavera!

La abuelita me recibió con los brazos abiertos. Inés se negó a abrazarme, me tendió la mano. Después no me atreví a invitarla a los juegos de antes. Me sentía tímido. ¡Y qué! Ella debía sentir algo de lo que yo.

¡Yo amaba a mi prima!

Inés, los domingos, iba con la abuela a misa muy de mañana.

Mi dormitorio estaba vecino al de ellas. Cuando cantaban los campanarios su sonora llamada matinal, ya estaba yo despierto.

Oía, oreja atenta, el ruido de las ropas. Por la puerta entreabierta veía salir la pareja que hablaba en voz alta. Cerca de mí pasaba el frufrú de las polleras antiguas de mi abuela y del traje de Inés, coqueto, ajustado, para mí siempre revelador.

¡Oh, Eros!

—Inés.

—¿…?

Y estábamos solos, a la luz de una luna argentina dulce ¡una bella luna de aquellas del país de Nicaragua!

La dije todo lo que sentía, suplicante, balbuciente, echando las palabras, ya rápidas, ya contenidas, febril y temeroso. Sí, se lo dije todo: las agitaciones sordas y extrañas que en mí experimentaba cerca de ella, el amor, el ansia, los tristes insomnios del deseo, mis ideas fijas en ella allá en mis meditaciones del colegio; y repetía como una oración sagrada la gran palabra: amor. ¡Oh, ella debía recibir gozosa mi adoración! Creceríamos más. Seríamos marido y mujer…

Esperé.

La pálida claridad celeste nos iluminaba. El ambiente nos llevaba perfumes tibios que a mí se me imaginaban propicios para los fogosos amores.

¡Cabellos áureos, ojos paradisíacos, labios encendidos y entreabiertos!

De repente y con un mohín:

—¡Ve! La tontería…

Y corrió como una gata alegre adonde se hallaba la abuela, rezando a las calladas sus rosarios y responsorios.

Con risa descocada de educanda maliciosa, con aire de locuela:

—¡Eh, abuelita, ya me dijo!…

¡Ellas, pues, sabían que «yo debía decir»!…

Con su reír interrumpió el rezo de la anciana, que se quedó pensativa, acariciando las cuentas de su camándula. ¡Y yo, que todo lo veía a la husma, de lejos, lloraba, sí, lloraba lágrimas amargas, las primeras de mis desengaños de hombre!

Los cambios fisiológicos que en mí se sucedían y las agitaciones de mi espíritu me conmovían hondamente.

¡Dios mío! Soñador, un pequeño poeta como me creía, al comenzarme el bozo, sentía llena de ilusiones la cabeza, de versos los labios, y mi alma y mi cuerpo de púber tenían sed de amor. ¿Cuándo llegaría el momento soberano en que alumbraría una celeste mirada el fondo de mi ser, y aquel en que se rasgaría el velo del enigma atrayente?

Un día, a pleno sol, Inés estaba en el jardín regando trigo, entre los arbustos y las flores, a las que llamaba sus amigas: unas palomas albas, arrulladoras, con sus buches níveos y amorosamente musicales. Llevaba un traje —siempre que con ella he soñado la he visto con el mismo— gris, azulado, de anchas mangas, que dejaban ver casi por entero los satinados brazos alabastrinos; los cabellos los tenía recogidos y húmedos, y el vello alborotado de su nuca blanca y rosa era para mí como luz crespa. Las aves andaban a su alrededor, e imprimían en el suelo oscuro la estrella acarminada de sus patas.

Hacía calor. Yo estaba oculto tras los ramajes de unos jazmines. La devoraba con los ojos. ¡Por fin se acercó por mi escondite la prima gentil! Me vio trémulo, enrojecida la faz, en mis ojos una llama viva y rara y acariciante, y se puso a reír cruelmente, terriblemente. ¡Y bien! ¡Oh, aquello no era posible! Me lancé con rapidez frente a ella. Audaz, formidable debía de estar cuando ella retrocedió, como asustada, un paso.

—¡Te amo!

Entonces tornó a reír. Una paloma voló a uno de sus brazos. Ella la mimó dándole granos de trigo entre las perlas de su boca fresca y sensual. Me acerqué más. Mi rostro estaba junto al suyo. Los cándidos animales nos rodeaban. Me turbaba el cerebro una onda invisible y fuerte de aroma femenil. ¡Se me antojaba Inés una paloma hermosa y humana, blanca y sublime, y al propio tiempo llena de fuego, de ardor, un tesoro de dichas! No dije más. La tomé la cabeza y le di un beso en una mejilla, un beso rápido, quemante, de pasión furiosa. Ella, un tanto enojada, salió en fuga. Las palomas se asustaron y alzaron el vuelo formando un opaco ruido de alas sobre los arbustos temblorosos. Yo, abrumado, quedé inmóvil.

Al poco tiempo partía a otra ciudad. La paloma blanca y rubia no había, ¡ay!, mostrado a mis ojos el soñado paraíso del misterioso deleite.

¡Musa ardiente y sacra para mi alma, el día había de llegar! Elena, la graciosa, la alegre, ella fue el nuevo amor. ¡Bendita sea aquella boca, que murmuró por primera vez cerca de mí las inefables palabras!

¡Era allá, en una ciudad que está a la orilla de un lago de mi tierra, un lago encantador lleno de islas floridas, con pájaros de colores!

Los dos solos, estábamos cogidos de las manos, sentados en el viejo muelle, debajo del cual el agua glauca y oscura chapoteaba musicalmente. Había un crepúsculo acariciador, de aquellos que son la delicia de los enamorados tropicales. En el cielo opalino se veía una diafanidad apacible que disminuía hasta cambiarse en tonos de violeta oscuro por la parte del Oriente y aumentaba, convirtiéndose en oro sonrosado en el horizonte profundo, donde vibraban oblicuos, rojos y desfallecientes, los últimos rayos solares. Arrastrada por el deseo, me miraba la adorada mía y nuestros ojos se decían cosas ardorosas y extrañas. En el fondo de nuestras almas cantaban un unísono embriagador como dos invisibles y divinas filomelas.

Yo, extasiado, veía a la mujer tierna y ardiente, con su cabellera castaña que acariciaba con mis manos, su rostro color de canela y rosa, su boca cleopatrina, su cuerpo gallardo y virginal, y oía su voz queda, muy queda, que me decía frases cariñosas tan bajo como que sólo eran para mí, temerosa quizá de que se las llevase el viento vespertino. Fijos en mí, me inundaban de felicidad sus ojos de Minerva, ojos verdes, ojos que deben siempre gustar a los poetas. Luego erraban nuestras miradas por el lago, todavía lleno de vaga claridad. Cerca de la orilla se detuvo un gran grupo de garzas. Garzas blancas, garzas morenas, de esas que cuando el día calienta llegan a las riberas a espantar a los cocodrilos, que con las anchas mandíbulas abiertas beben sol sobre las rocas negras. ¡Bellas garzas! Algunas ocultaban los largos cuellos en la onda o bajo el ala, y semejaban grandes manchas de flores vivas y sonrosadas, móviles y apacibles. A veces, una sobre una pata se alisaba con el pico las plumas o permanecía inmóvil, escultural e hieráticamente, o varias daban un corto vuelo, formando en el fondo de la ribera llena de verde o en el cielo caprichosos dibujos, como las bandadas de grullas de un parasol chino.

Me imaginaba junto a mi amada que de aquel país de la altura me traerían las garzas muchos versos desconocidos y soñadores. Las garzas blancas las encontraba más puras y más voluptuosas, con la pureza de la paloma y la voluptuosidad del cisne; garridas, con sus cuellos reales, parecidos a los de las damas inglesas que junto a los pajecillos rizados se ven en aquel cuadro en que Shakespeare recita en la corte de Londres. Sus alas, delicadas y albas, hacen pensar en desfallecientes sueños nupciales, todas —bien dice un poeta— como cinceladas en jaspe.

¡Ah, pero las otras tenían algo de más encantador para mí! Mi Elena se me antojaba como semejante a ellas, con su color de canela y de rosa, gallarda y gentil.

Ya el sol desaparecía, arrastrando toda su púrpura opulenta de rey oriental. Yo había halagado a la amada tiernamente con mis juramentos y frases melifluas y cálidas, y juntos seguíamos en un lánguido dúo de pasión inmensa. Habíamos sido hasta ahí dos amantes soñadores, consagrados místicamente uno a otro.

De pronto, y como atraídos por una fuerza secreta, en un momento inexplicable nos besamos la boca, todos trémulos, con un beso para mí sacratísimo y supremo: el primer beso recibido de labios de mujer. ¡Oh, Salomón, bíblico y real poeta, tú lo dijiste como nadie: Mel et lac sub lingua tua!

¡Ah, mi adorable, mi bella, mi querida garza morena! ¡Tú tienes, en los recuerdos que en mi alma forman lo más alto y sublime, una luz inmortal!

Porque tú me revelaste el secreto de las delicias divinas en el inefable primer instante de amor.

EN CHILE

I.– EN BUSCA DE CUADROS

Sin pinceles, sin paleta, sin papel, sin lápiz, Ricardo, poeta lírico incorregible, huyendo de las agitaciones y turbulencias, de las máquinas y de los fardos, del ruido monótono de los tranvías y el chocar de los caballos con su repiqueteo de caracoles sobre las piedras, del tropel de los comerciantes, del grito de los vendedores de diarios, del incesante bullicio e inacabable hervor de este puerto en busca de impresiones y de cuadros, subió al cerro Alegre que, gallardo como una gran roca florecida, luce sus flancos verdes, sus montículos coronados de casas risueñas escalonadas en la altura, rodeadas de jardines, con ondeantes cortinas de enredaderas, jaulas de pájaros, jarros de flores, rejas vistosas y niños rubios de caras angélicas.

Abajo estaban las techumbres del Valparaíso que hace transacciones, que anda a pie como una ráfaga, que puebla los almacenes e invade los bancos, que viste por la mañana terno crema o plomizo, a cuadros, con sombrero de paño, y por la noche bulle en la calle del Cabo con lustrosos sombreros de copa, abrigo al brazo y guantes amarillos, viendo a la luz que brota de las vidrieras los lindos rostros de las mujeres que pasan.

Más allá, el mar, acerado, brumoso, los barcos en grupos, el horizonte azul y lejano. Arriba, entre opacidades, el sol.

Donde estaba el soñador empedernido, casi, casi en lo más alto del cerro, apenas si se sentían los estremecimientos de abajo. Erraba él a lo largo del camino de Cintura, e iba pensando en idilios con toda la augusta desfachatez de un poeta que fuera millonario.

Había allí aire fresco para sus pulmones, casas sobre cumbres, como nidos al viento, donde bien podía darse el gusto de colocar parejas enamoradas, y tenía además el inmenso espacio azul, del cual —él lo sabía perfectamente— los que hacen los salmos y los himnos pueden disponer como les venga en antojo.

De pronto escuchó: —«¡Mary! ¡Mary!». Y él, que andaba a la caza de impresiones y en busca de cuadros, volvió la vista.

II.– ACUARELA

Había cerca un bello jardín, con más rosas que azaleas y más violetas que rosas. Un bello y pequeño jardín con jarrones, pero sin estatuas, con una pila blanca, sin surtidores, cerca de una casita como hecha para un cuento dulce y feliz.

En la pila un cisne chapuzaba revolviendo el agua, sacudiendo las alas de un blancor de nieve, enarcando el cuello en la forma del brazo de una lira o del asa de un ánfora, y moviendo el pico húmedo y con tal lustre como si fuese labrado en un ágata de color de rosa.

En la puerta de la casa, como extraída de una novela de Dickens, estaba una de esas viejas inglesas, únicas, solas, clásicas, con la cofia encintada, los anteojos sobre la nariz, el cuerpo encorvado, las mejillas arrugadas, mas con color de manzana madura y salud rica. Sobre la saya oscura, el delantal.

Llamaba.

—¡Mary!

El poeta vio llegar una joven de un rincón del jardín, hermosa, triunfal, sonriente; y no quiso tener tiempo sino para meditar en que son adorables los cabellos dorados cuando flotan sobre las nucas marmóreas y en que hay rostros que valen bien por un alba.

Luego todo era delicioso. Aquellos quince años entre las rosas —quince años, sí— los estaban pregonando unas pupilas serenas de niña, un seno apenas erguido, una frescura primaveral y una falda hasta el tobillo, que dejaba ver el comienzo turbador de una media de color de carne; aquellos rosales temblorosos que hacían ondular sus arcos verdes; aquellos durazneros con sus ramilletes alegres donde se detenían al paso las mariposas errantes llenas de polvo de oro, y las libélulas de alas cristalinas e irisadas; aquel cisne en la ancha taza, esponjado el alabastro de sus plumas y zambulléndose entre espumajeos y burbujas, con voluptuosidad, en la transparencia del agua; la casita limpia, pintada, apacible, de donde emergía como una onda de felicidad, y en la puerta la anciana, un invierno, en medio de toda aquella vida, cerca de Mary, una virginidad en flor.

Ricardo, poeta lírico que andaba a la caza de cuadros, estaba con la satisfacción de un goloso que paladea cosas exquisitas.

Y la anciana y la joven:

—¿Qué traes?

—Flores.

Mostraba Mary su falda llena como de iris hechos trizas, que revolvía con una de sus manos gráciles de ninfa, mientras sonriendo su linda boca purpurada, sus ojos abiertos en redondo dejaban ver un color de lapislázuli y una humedad radiosa. El poeta siguió adelante.

III.– PAISAJE

A poco andar se detuvo.

El sol había roto el velo opaco de las nubes y bañaba de claridad áurea y perlada un recodo del camino. Allí unos cuantos sauces inclinaban sus cabelleras verdes hasta rozar el césped. En el fondo se divisaban altos barrancos y en ellos tierra negra, roja, pedruscos brillantes como vidrios. Bajo los sauces agobiados ramoneaban sacudiendo sus testas filosóficas —¡oh, gran maestro Hugo!— unos asnos, y cerca de ellos un buey gordo, con sus grandes ojos melancólicos y pensativos donde ruedan miradas y ternuras de éxtasis supremos y desconocidos, mascaba despacio y con cierta pereza la pastura. Sobre todo flotaba un vaho cálido y el grato olor campestre de las hierbas chafadas. Veíase en lo profundo un trozo de azul. Un huaso robusto, uno de esos fuertes campesinos, toscos hércules que detienen un toro, apareció de pronto en lo más alto de los barrancos. Tenía tras de sí el vasto cielo. Las piernas, todas músculos, las llevaba desnudas. En uno de sus brazos traía una cuerda gruesa y arrollada. Sobre su cabeza, como un gorro de nutria, sus cabellos, enmarañados, tupidos, salvajes.

Llegóse al buey en seguida y le echó el lazo a los cuernos. Cerca de él, un perro con la lengua fuera, acezando, movía el rabo y daba brincos.

IV.– AGUAFUERTE

De una casa cercana salía un ruido metálico y acompasado. En un recinto estrecho, entre paredes llenas de hollín, negras, muy negras, trabajaban unos hombres en la forja. Uno movía el fuelle que resoplaba, haciendo crepitar el carbón, lanzando torbellinos de chispas y llamas como lenguas pálidas, áureas, azulejas, resplandecientes. Al brillo del fuego, en que se enrojecían largas barras de hierro, se miraban los rostros de los obreros con un reflejo trémulo. Tres yunques ensamblados en toscos armazones resistían el batir de los machos que aplastaban el metal candente, haciendo saltar una lluvia enrojecida. Los forjadores vestían camisas de lana de cuellos abiertos y largos delantales de cuero. Alcanzábaseles a ver el pescuezo gordo y el principio del pecho velludo, y salían de las mangas holgadas los brazos gigantescos, donde, como en los de Amico, parecían los músculos redondas piedras de las que se deslavan y pulen en los torrentes. En aquella negrura de caverna, al resplandor de las llamaradas, tenían tallas de cíclopes. A un lado, una ventanilla dejaba pasar apenas un haz de rayos de sol. A la entrada de la forja, como un marco oscuro, una muchacha blanca comía uvas. Y sobre aquel fondo de hollín y de carbón, sus hombros delicados y tersos, que estaban desnudos, hacían resaltar su bello color de lis con un casi imperceptible tono dorado.

V.– LA VIRGEN DE LA PALOMA

Anduvo, anduvo.

Volvía ya a su morada. Dirigíase al ascensor cuando oyó una risa infantil, armónica, y él, poeta incorregible, buscó los labios de donde brotaba aquella risa.

Bajo un cortinaje de madreselvas, entre plantas olorosas y maceteros floridos, estaba una mujer pálida, augusta, madre, con un niño tierno y risueño. Sosteníale en uno de sus brazos, el otro lo tenía en alto y en la mano una paloma, una de esas palomas albísimas que arrullan a sus pichones de alas tornasoladas, inflando el buche como un seno de virgen y abriendo el pico de donde brota la dulce música de su caricia.

La madre mostraba al niño la paloma, y el niño, en su afán de cogerla, abría los ojos, estiraba los bracitos, reía gozoso; y su rostro al sol tenía como un nimbo; y la madre, con la tierna beatitud de sus miradas, con su esbeltez solemne y gentil, con la aurora en las pupilas y la bendición y el beso en los labios, era como una azucena sagrada, como una María llena de gracia, irradiando la luz de un candor inefable. El Niño Jesús, real como un Dios infante, precioso como un querubín paradisíaco, quería asir aquella paloma blanca bajo la cúpula inmensa del cielo azul.

Ricardo descendió y tomó el camino de su casa.

VI.– LA CABEZA

Por la noche, sonando aún en sus oídos la música del Odeón y los parlamentos de Astol, de vuelta de las calles donde escuchara el ruido de los coches y la triste melopea de los tortilleros, aquel soñador se encontraba en su mesa de trabajo, donde las cuartillas inmaculadas estaban esperando las silvas y los sonetos de costumbre a las mujeres de los ojos ardientes.

¡Qué silvas! ¡Qué sonetos! La cabeza del poeta lírico era una orgía de colores y de sonidos. Resonaban en las concavidades de aquel cerebro martilleos de cíclope, himnos al son de tímpanos sonoros, fanfarrias bárbaras, risas cristalinas, gorjeos de pájaros, batir de alas y estallar de besos, todo como en ritmos locos y revueltos. Y los colores agrupados estaban como pétalos de capullos distintos confundidos en una bandeja o como la endiablada mezcla de tintas que llena la paleta de un pintor...

VII.– ACUARELA

Primavera. Ya las azucenas floridas y llenas de miel han abierto sus cálices pálidos bajo el oro del sol. Ya los gorriones tornasolados, esos amantes acariciadores, adulan a las rosas frescas, esas opulentas y purpuradas emperatrices; ya el jazmín, flor sencilla, tachona los tupidos ramajes como una blanca estrella sobre un cielo verde. Ya las damas elegantes visten sus trajes claros, dando al olvido las pieles y los abrigos invernales.

Y mientras el sol se pone, sonrosando las nieves con una claridad suave, junto a los árboles de la Alameda que lucen sus cumbres resplandecientes en un polvo de luz, su esbeltez solemne y sus hojas nuevas, bulle un enjambre humano en un ruido de música, de cuchicheos vagos y de palabras fugaces.

He aquí el cuadro. En primer término, está la negrura de los coches que esplende y quiebra los últimos reflejos solares; los caballos orgullosos con el brillo de sus arneses, con sus cuellos estirados e inmóviles de brutos heráldicos; los cocheros taciturnos, en su quietud de indiferentes, luciendo sobre las largas libreas los botones metálicos flamantes, y en el fondo de los carruajes, reclinadas como odaliscas, erguidas como reinas, las mujeres rubias de los ojos soñadores, las que tienen cabelleras negras y rostros pálidos, las rosadas adolescentes que ríen con alegría de pájaro primaveral; bellezas lánguidas, hermosuras audaces, castos lirios albos y tentaciones ardientes.

En esa portezuela está un rostro apareciendo de modo que semeja el de un querubín; por aquélla ha salido una mano enguantada que se dijera de niño, y es de morena tal que llama los corazones; más allá se alcanza a ver un pie de Cenicienta con zapatito oscuro y media lila, y acullá, gentil con sus gestos de diosa, bella con su color de marfil amanolado, su cuello real y la corona de su cabellera, está la Venus de Milo, no manca, sino con dos brazos, gruesos como los muslos de un querubín de Murillo, y vestida a la última moda de París.

Más allá está el oleaje de los que van y vienen: parejas de enamorados, hermanos y hermanas, grupos de caballeritos irreprochables; todo en la confusión de los rostros, de las miradas, de los colorines, de los vestidos, de las capotas, resaltando a veces en el fondo negro y aceitoso de los elegantes sombreros de copa, una cara blanca de mujer, un sombrero de paja adornado de colibríes, de cintas o de plumas, o el inflado globo rojo, de goma, que pendiente de un hilo lleva un niño risueño, de medias azules, zapatos charolados y holgado cuello a la marinera.

En el fondo, los palacios elevan al azul la soberbia de sus fachadas, en las que los álamos erguidos rayan columnas hojosas entre el abejeo trémulo y desfalleciente de la tarde fugitiva.

VIII.– UN RETRATO DE WATTEAU

Estáis en los misterios de un tocador. Estáis viendo ese brazo de ninfa, esas manos diminutas que empolvan el haz de rizos rubios de la cabellera espléndida. La araña de luces opacas derrama la languidez de su girándula por todo el recinto. Y he aquí que al volverse ese rostro soñamos, en los buenos tiempos pasados. Una marquesa contemporánea de madame de Maintenón, solitaria en su gabinete, da las últimas manos a su tocado.

Todo está correcto: los cabellos que tienen todo el Oriente en su hebras, empolvados y crespos; el cuello del corpiño, ancho y en forma de corazón hasta dejar ver el principio del seno firme y pulido; las mangas abiertas, que muestran blancuras incitantes; el talle ceñido, que se balancea, y el rico faldellín de largos vuelos, y el pie pequeño en el zapato de tacones rojos.

Mirad las pupilas azules y húmedas, la boca de dibujo maravilloso, con una sonrisa enigmática de esfinge, quizá un recuerdo del amor galante, del madrigal recitado junto al tapiz de figuras pastoriles mitológicas, o del beso a furto, tras la estatua de algún silvano, en la penumbra.

Vese la dama de pies a cabeza, entre dos grandes espejos; calcula el efecto de la mirada, del andar, de la sonrisa, del vello casi impalpable que agitará el viento de la danza en su nuca fragante y sonrosada. Y piensa y suspira, y flota aquel suspiro en ese aire impregnado de aroma femenino que hay en un tocador de mujer.

Entretanto, la contempla con sus ojos de mármol una Diana que se alza irresistible y desnuda sobre su plinto; y le ríe con audacia un sátiro de bronce que sostiene entre los pámpanos de su cabeza un candelabro; y en el asa de un jarrón de Rouen lleno de agua perfumada, le tiende los brazos y los pechos una sirena con la cola corva y brillante de escamas argentinas, mientras en el plafón, en forma de óvalo, va por el fondo inmenso y azulado, sobre el lomo de un toro robusto y divino, la bella Europa, entre delfines áureos y tritones corpulentos, que sobre el vasto ruido de las ondas hacen vibrar el ronco estrépito de sus resonantes caracoles.

La hermosa está satisfecha; ya pone perlas en la garganta y calza las manos en seda; ya, rápida, se dirige a la puerta donde el carruaje espera y el tronco piafa. Y hela aquí, vanidosa y gentil, a esa aristocrática santiaguesa, que se dirige a un baile de fantasía de manera que el gran Watteau le dedicaría sus pinceles.

IX.– NATURALEZA MUERTA

He visto ayer por una ventana un tiesto lleno de lilas y de rosas pálidas sobre un trípode. Por fondo tenía uno de esos cortinajes amarillos y opulentos que hacen pensar en los mantos de los príncipes orientales. Las lilas recién cortadas resaltaban con su lindo color apacible junto a los pétalos esponjados de las rosas de té.

Junto al tiesto, en una copa de laca ornada con ibis de oro incrustado, incitaban a la gula manzanas frescas, medio coloradas, con la pelusilla de la fruta nueva y la sabrosa carne hinchada que toca el deseo; peras doradas y apetitosas, que daban indicios de ser todas jugo y como esperando el cuchillo de plata que debía rebanar la pulpa almibarada, y un ramillete de uvas negras, hasta con el polvillo ceniciento de los racimos acabados de arrancar de la viña.

Acerquéme, vilo de cerca todo. Las lilas y las rosas eran de cera, las manzanas y las peras de mármol pintado y las uvas de cristal.

X.– AL CARBÓN

Vibraba el órgano con sus voces trémulas, vibraba acompañando la antífona, llenando la nave con su armonía gloriosa. Los cirios ardían goteando sus lágrimas de cera entre la nube de incienso que inundaba los ámbitos del templo con su aroma sagrado; y allá, en el altar, el sacerdote, todo resplandeciente de oro, alzaba la custodia cubierta de pedrería, bendiciendo a la muchedumbre arrodillada.

De pronto volví la vista cerca de mí, al lado de un ángulo de sombra. Había una mujer que oraba. Vestida de negro, envuelta en un manto, su rostro se destacaba severo, sublime, teniendo por fondo la vaga oscuridad de un confesionario. Era una bella faz de ángel, con la plegaria en los ojos y en los labios. Había en su frente una palidez de flor de lis, y en la negrura de su manto resaltaban juntas, pequeñas, las manos blancas y adorables. Las luces se iban extinguiendo, y a cada momento aumentaba lo oscuro del fondo, y entonces por un ofuscamiento, me parecía ver aquella faz iluminarse con una luz blanca y misteriosa, como la que debe de haber en la región de los coros prosternados y de los querubines ardientes; luz alba, polvo de nieve, claridad celeste, onda santa que baña los ramos de lirio de bienaventurados.

Y aquel pálido rostro de virgen, envuelta ella en el manto y en la noche, en aquel rincón de sombra, habría sido un tema admirable para un estudio al carbón.

XI.– PAISAJE

Hay allá, en las orillas de la laguna de la Quinta, un sauce melancólico que moja de continuo su cabellera verde en el agua que refleja el cielo y los ramajes, como si tuviera en su fondo un país encantado.

Al viejo sauce llegan aparejados los pájaros y los amantes. Allí es donde escuché una tarde —cuando del sol quedaba apenas en el cielo un tinte violeta que se esfumaba por ondas, y sobre el gran Andes nevado un decreciente color de rosa que era como tímida caricia de la luz enamorada—, un rumor de besos cerca del tronco agobiado y un aleteo en la cumbre.

Estaban los dos, la amada y el amado, en un banco rústico, bajo el toldo del sauce. Al frente se extendía la laguna tranquila con su puente enarcado y los árboles temblorosos de la ribera, y más allá se alzaba, entre el verdor de las hojas, la fachada del palacio de la Exposición, con sus cóndores de bronce en actitud de volar.

La dama era hermosa, él un gentil muchacho, que le acariciaba con los dedos y los labios los cabellos rubios y las manos gráciles de ninfa.

Y sobre las dos almas ardientes y sobre los dos cuerpos juntos, cuchicheaban en lengua rítmica y alada las dos aves. Y arriba el cielo con su inmensidad y con su fiesta de nubes, plumas de oro, alas de fuego, vellones de púrpura, fondos azules, flordelisados de ópalo, derramaba la magnificencia de su pompa, la soberbia de su grandeza augusta.

Bajo las aguas se agitaban, como un remolino de sangre viva, los peces veloces de aletas doradas.

Al resplandor crepuscular, todo el paisaje se veía como envuelto en una polvareda de sol tamizado, y eran el alma del cuadro aquellos dos amantes: él moreno, gallardo, vigoroso, con una barba fina y sedosa, de esas que gustan tocar las mujeres; ella rubia —¡un verso de Goethe!—, vestida con un traje gris, lustroso, y en el pecho una rosa fresca, como su boca roja que pedía el beso.

XII.– EL IDEAL

Y luego, una torre de marfil, una flor mística, una estrella a quien enamorar… Pasó, la vi como quien viera un alba, huyente, rápida, implacable.

Era una estatua antigua con un alma que se asomaba a los ojos, ojos angelicales, todos ternura, todos cielo azul, todos enigma.

Sintió que la besaba con mis miradas y me castigó con la majestad de su belleza, y me vio como una reina y como una paloma. Pero pasó arrebatadora, triunfante, como una visión que deslumbra. Y yo, el pobre pintor de la Naturaleza y de Psyquis, hacedor de ritmos y de castillos aéreos, vi el vestido luminoso del hada, la estrella de su diadema, y pensé en la promesa ansiada del amor hermoso. Mas de aquel rayo supremo y fatal sólo quedó en el fondo de mi cerebro un rostro de mujer, un sueño azul.

LA MUERTE DE LA EMPERATRIZ DE LA CHINA

Delicada y fina como una joya humana, vivía aquella muchachita de carne rosada, en la pequeña casa que tenía un saloncito con los tapices de color azul desfalleciente. Era su estuche.

¿Quién era el dueño de aquel delicioso pájaro alegre, de ojos negros y boca roja? ¿Para quién cantaba su canción divina, cuando la señorita Primavera mostraba en el triunfo del sol su bello rostro riente, y abría las flores del campo, y alborotaba la nidada? Suzette se llamaba la avecita que había puesto en jaula de seda, peluches y encajes, un soñador artista cazador, que la había cazado una mañana de mayo en que había mucha luz en el aire y muchas rosas abiertas.

Recaredo —capricho paternal, él no tenía la culpa de llamarse Recaredo— se había casado hacía año y medio.

—¿Me amas? —Te amo. ¿Y tú? —Con toda el alma.

Hermoso día dorado, después de lo del cura. Habían ido luego al campo nuevo, a gozar libres del gozo del amor. Murmuraban, allá en sus ventanas de hojas verdes las campanillas y las violetas silvestres que olían cerca del riachuelo, cuando pasaban los dos amantes, el brazo de él en la cintura de ella, el brazo de ella en la cintura de él, los rojos labios en flor dejando escapar los besos. Después, fue la vuelta a la gran ciudad, al nido lleno de perfume, de juventud y de calor dichoso.

¿Dije ya que Recaredo era escultor? Pues si no lo he dicho, sabedlo.

Era escultor. En la pequeña casa tenía su taller con profusión de mármoles, yesos, bronces y terracotas. A veces, los que pasaban oían a través de las rejas y persianas una voz que cantaba y un martilleo vibrante y metálico. Suzette, Recaredo, la boca que emergía el cántico, y el golpe del cincel.

Luego el incesante idilio nupcial. En puntillas, llegar donde él trabajaba, e inundándole de cabellos la nuca, besarle rápidamente. Quieto, quietecito, llegar donde ella duerme en su chaise longue, los piececitos calzados y con medias negras, uno sobre otro, el libro abierto sobre el regazo, medio dormida; y allí el beso es en los labios, beso que sorbe el aliento y hace que se abran los ojos inefablemente luminosos. Y a todo esto, las carcajadas del mirlo, un mirlo enjaulado que cuando Suzette toca de Chopin, se pone triste y no canta. ¡Las carcajadas del mirlo! No era poca cosa. —¿Me quieres? —¿No lo sabes? —¿Me amas? —¡Te adoro! Ya estaba el animalucho echando toda la risa del pico. Se le sacaba de la jaula, revolaba por el saloncito, se detenía en la cabeza de un Apolo de yeso, o en la frámea de un viejo germano de bronce oscuro. Tiiiiiirit... rrrrrritch... fiii... ¡Vaya que a veces era malcriado e insolente en su algarabía! Pero era lindo sobre la mano de Suzette, que le mimaba, le apretaba el pico entre sus dientes hasta hacerlo desesperar, y le decía a veces con una voz severa que temblaba de terneza: —¡Señor Mirlo, es usted un picarón!

Cuando los dos amados estaban juntos, se arreglaban uno al otro el cabello. «Canta», decía él. Y ella cantaba lentamente; y aunque no eran sino pobres muchachos enamorados, se veían hermosos, gloriosos y reales; él la miraba como a una Elsa, y ella le miraba como a un Lohengrin. Porque el Amor, ¡oh, jóvenes llenos de sangre y de sueños!, pone un azul cristal ante los ojos y da infinitas alegrías.

¡Cómo se amaban! Él la contemplaba sobre las estrellas de Dios; su amor recorría toda la escala de la pasión, y era ya contenido, ya tempestuoso en su querer, a veces casi místico. En ocasiones dijérase aquel artista un teósofo que veía en la amada mujer algo supremo y extrahumano, como la Ayesha de Rider Haggard; la aspiraba como una flor, le sonreía como a un astro y se sentía soberbiamente vencedor al estrechar contra su pecho aquella adorable cabeza, que cuando estaba pensativa y quieta era comparable al perfil hierático de la medalla de una emperatriz bizantina.

Recaredo amaba su arte. Tenía la pasión de la forma; hacía brotar del mármol gallardas diosas desnudas de ojos blancos, serenos y sin pupilas; su taller estaba poblado de un pueblo de estatuas silenciosas, animales de metal, gárgolas terroríficas, grifos de largas colas vegetales, creaciones góticas quizá inspiradas por el ocultismo. ¡Y, sobre todo, la gran afición! Japonerías y chinerías. Recaredo era en esto un original. No sé qué habría dado por hablar chino o japonés. Conocía los mejores álbumes; había leído buenos exotistas, adoraba a Loti y a Judith Gautier, y hacía sacrificios por adquirir trabajos legítimos, de Yokohama, de Nagasaki, de Kioto o de Nankín o Pekín: los cuchillos, las pipas, las máscaras feas y misteriosas, como las caras de los sueños hípnicos, los mandarinitos enanos con panzas de cucurbitáceos y ojos circunflejos, los monstruos de grandes bocas de batracio, abiertas y dentadas, y diminutos soldados de Tartaria, con faces foscas.

—¡Oh —le decía Suzette—, aborrezco tu casa de brujo, ese terrible taller, arca extraña que te roba a mis caricias! Él sonreía, dejaba su lugar de labor, su templo de raras chucherías y corría al pequeño salón azul, a ver y mirar su gracioso dije vivo, y oír cantar y reír al loco mirlo jovial.

Aquella mañana, cuando entró, vio que estaba su dulce Suzette, soñolienta y tendida, cerca de un tazón de rosas que sostenía un trípode. ¿Era la Bella durmiente del bosque? Medio dormida, el delicado cuerpo modelado bajo una bata blanca, la cabellera castaña apelotonada sobre uno de los hombros, toda ella exhalando un suave olor femenino, era como una deliciosa figura de los amables cuentos que empiezan: «Este era un rey…»

La despertó:

—¡Suzette; mi bella!

Traía la cara alegre; le brillaban los ojos negros bajo su fez rojo de labor; llevaba una carta en la mano.

—Carta de Robert, Suzette. ¡El bribonazo está en China! «Hong Kong, 18 de enero…»

Suzette, un tanto amodorrada, se había sentado y le había quitado el papel. ¡Conque aquel andariego había llegado tan lejos! «Hong Kong, 18 de enero…» Era gracioso. ¡Un excelente muchacho el tal Robert, con la manía de viajar! Llegaría al fin del mundo. ¡Robert, un grande amigo! Se veían como de la familia. Había partido hacía dos años para San Francisco de California. ¡Habríase visto loco igual!

Comenzó a leer.

«Hong Kong, 18 de enero de 1888.

»Mi buen Recaredo:

»Vine y vi. No he vencido aún.

»En San Francisco supe vuestro matrimonio y me alegré. Di un salto y caí en la China. He venido como agente de una casa californiana, importadora de sedas, lacas, marfiles y demás chinerías. Junto con esta carta debes recibir un regalo mío que, dada tu afición por las cosas de este país amarillo, te llegará de perlas. Ponme a los pies de Suzette, y conserva el obsequio en memoria de tu

Robert.»

Ni más, ni menos. Ambos soltaron la carcajada. El mirlo, a su vez, hizo estallar la jaula en una explosión de gritos musicales.

La caja había llegado, una caja de regular tamaño, llena de marchamos, de números y de letras negras que decían y daban a entender que el contenido era muy frágil. Cuando la caja se abrió, apareció el misterio. Era un fino busto de porcelana, un admirable busto de mujer sonriente, pálido y encantador. En la base tenía tres inscripciones, una en caracteres chinescos, otra en inglés y otra en francés: La emperatriz de la China. ¡La emperatriz de la China! ¿Qué manos de artista asiático habían modelado aquellas formas atrayentes de misterio? Era una cabellera recogida y apretada, una faz enigmática, ojos bajos y extraños, de princesa celeste, sonrisa de esfinge, cuello erguido sobre los hombros columbinos, cubiertos por una honda de seda bordada de dragones, todo dando magia a la porcelana blanca, con tronos de cera, inmaculada y cándida. ¡La emperatriz de la China! Suzette pasaba sus dedos de rosa sobre los ojos de aquella graciosa soberana, un tanto inclinados, con sus curvos epicantus bajo los puros y nobles arcos de las cejas. Estaba contenta. Y Recaredo sentía orgullo de poseer su porcelana. Le haría un gabinete especial, para que viviese y reinase sola, como en el Louvre la Venus de Milo, triunfadora, cobijada imperialmente por el plafón de su recinto sagrado.

Así lo hizo. En un extremo del taller formó un gabinete minúsculo, con biombos cubiertos de arrozales y de grullas. Predominaba la nota amarilla. Toda la gama, oro, fuego, ocre de oriente, hoja de otoño, hasta el pálido que agoniza fundido en la blancura. En el centro, sobre un pedestal dorado y negro, se alzaba riendo la exótica imperial. Alrededor de ella había colocado Recaredo todas sus japonerías y curiosidades chinas. Las cubría con un gran quitasol nipón, pintado de camelias y de anchas rosas sangrientas. Era cosa de risa, cuando el artista soñador, después de dejar la pipa y los cinceles, llegaba frente a la emperatriz, con las manos cruzadas sobre el pecho, a hacer zalemas.

Una, dos, diez, veinte veces la visitaba. Era una pasión. En un plato de laca yokohamesa le ponía flores frescas todos los días. Tenía, en momentos, verdaderos arrobos delante del busto asiático que le conmovía en su deleitable e inmóvil majestad. Estudiaba sus menores detalles, el caracol de la oreja, el arco del labio, la nariz pulida, el epicantus del párpado. ¡Un ídolo, la famosa emperatriz! Suzette le llamaba de lejos: —¡Recaredo!

—¡Voy! —y seguía en la contemplación de su obra de arte. Hasta que Suzette llegaba a llevárselo a rastras y a besos.

Un día, las flores del plato de laca desaparecieron como por encanto.

—¿Quién ha quitado las flores? —gritó el artista desde el taller.

—Yo —dijo una voz vibradora.

Era Suzette, que entreabría un cortina, toda sonrosada y haciendo relampaguear sus ojos negros.

Allá en lo hondo de su cerebro se decía el señor Recaredo, artista escultor: —¿Qué tendrá mi mujercita? No comía casi. Aquellos buenos libros desflorados por su espátula de marfil estaban en el pequeño estante negro, con sus hojas cerradas sufriendo la nostalgia de las blandas manos de rosa y del tibio regazo perfumado. El señor Recaredo la veía triste. ¿Qué tendrá mi mujercita? En la mesa no quería comer. Estaba seria. ¡Qué seria! Le miraba a veces con el rabo del ojo, y el marido veía aquellas pupilas oscuras, húmedas, como que querían llorar. Y ella, al responder, hablaba como los niños a quienes se ha negado un dulce. ¿Qué tendrá mi mujercita? ¡Nada! Aquel «nada» lo decía ella con voz de queja, y entre sílaba y sílaba había lágrimas.

¡Oh señor Recaredo! lo que tiene vuestra mujercita es que sois un hombre abominable. ¿No habéis notado que desde que esa buena de la emperatriz de la China ha llegado a vuestra casa, el saloncito azul se ha entristecido, y el mirlo no canta ni ríe con su risa perlada? Suzette despierta a Chopin, y lentamente hace brotar la melodía enferma y melancólica del negro piano sonoro. ¡Tiene celos, señor Recaredo! Tiene el mal de los celos, ahogador y quemante, como una serpiente encendida que aprieta el alma. ¡Celos! Quizá él lo comprendía, porque una tarde dijo a la muchachita de su corazón estas palabras, frente a frente, a través del humo de una taza de café:

—Eres demasiado injusta. ¿Acaso no te amo con toda mi alma? ¿Acaso no sabes leer en mis ojos lo que hay dentro de mi corazón?

Suzette rompió a llorar. ¡Que la amaba! No; ya no la amaba. Habían huido las buenas y radiantes horas, y los besos que chasqueaban también eran idos, como pájaros en fuga. Ya no la quería. Y a ella, a la que en él veía su religión, su delicia, su sueño, su rey, a ella, a su Suzette, la había dejado por la otra.

¡La otra! Recaredo dio un salto. Estaba engañada. ¿Lo diría por la rubia Eulogia, a quien en un tiempo había dirigido madrigales?

Ella movió la cabeza: —No. ¿Por la ricachona Gabriela, de largos cabellos negros, blanca como un alabastro y cuyo busto había hecho? ¿O por aquella Luisa, la danzarina, que tenía una cintura de avispa, un seno de buena nodriza y unos ojos incendiarios? ¿O por la viudita Andrea, que al reír sacaba la punta de la lengua, roja y felina, entre sus dientes brillantes y marfilados?

No; no era ninguna de ésas. Recaredo se quedó con gran asombro. —Mira, chiquilla, dime la verdad. ¿Quién es ella? Sabes cuánto te adoro, mi Elsa, mi Julieta, amor mío…

Temblaba tanta verdad de amor en aquellas palabras entrecortadas y trémulas, que Suzette, con los ojos enrojecidos, secos ya de lágrimas, se levantó irguiendo su linda cabeza heráldica.

—¿Me amas?

—¡Bien lo sabes!

—Deja, pues, que me vengue de mi rival. Ella o yo, escoge. Si es cierto que me adoras, ¿querrás permitir que la aparte para siempre de tu camino, que quede yo sola, confiada en tu pasión?

—Sea —dijo Recaredo—. Y viendo irse a su avecita celosa y terca, prosiguió sorbiendo el café, tan negro como la tinta.

No había tomado tres sorbos, cuando oyó un gran ruido de fracaso en el recinto de su taller.

Fue: ¿Qué miraron sus ojos? El busto había desaparecido del pedestal de negro y oro, y entre minúsculos mandarines caídos y descolgados abanicos, se veían por el suelo pedazos de porcelana que crujían bajo los pequeños zapatos de Suzette, quien toda encendida y con el cabello suelto, aguardando los besos, decía entre carcajadas argentinas al maridito asustado: —Estoy vengada. ¡Ha muerto ya para ti la emperatriz de la China!

Y cuando comenzó la ardiente reconciliación de los labios, en el saloncito azul, todo lleno de regocijo, el mirlo, en su jaula, se moría de risa.

A UNA ESTRELLA

(Romanza en prosa)

¡Princesa del divino imperio azul, quién besará tus labios luminosos!

¡Yo soy el enamorado extático que, soñando mi sueño de amor, estoy de rodillas, con los ojos fijos en tu inefable claridad, estrella mía, que estás tan lejos! ¡Oh, cómo ardo en celos, cómo tiembla mi alma cuando pienso que tú, cándida hija de la Aurora, puedes fijar tus miradas en el hermoso Príncipe Sol que viene de Oriente, gallardo y bello en su carro de oro, celeste flechero triunfador, de coraza adamantina, que trae a la espalda el carcaj brillante lleno de flechas de fuego! Pero no; tú me has sonreído bajo tu palio, y tu sonrisa era dulce como la esperanza. ¡Cuántas veces mi espíritu quiso volar hacia ti y quedó desalentado! ¡Está tan lejos tu alcázar! He cantado en mis sonetos y en mis madrigales tu místico florecimiento, tus cabellos de luz, tu alba vestidura. Te he visto como una pálida Beatriz del firmamento, lírica y amorosa en tu sublime resplandor. ¡Princesa del divino imperio azul, quién besara tus labios luminosos!

Recuerdo aquella negra noche, ¡oh genio Desaliento!, en que visitaste mi cuarto de trabajo para darme tortura, para dejarme casi desolado el pobre jardín de mi ilusión, donde me segaste tantos frescos ideales en flor. Tu voz me sonó a hierro y te escuché temblando, porque tu palabra era cortante y fría y caía como un hacha. Me hablaste del camino de la Gloria, donde hay que andar descalzo entre cambroneras y abrojos; y desnudo, bajo una eterna granizada; y a oscuras, cerca de hondos abismos, llenos de sombra como la muerte. Me hablaste del vergel Amor, donde es casi imposible cortar una rosa sin morir, porque es rara la flor en que no anida un áspid. Y me dijiste de la terrible y muda esfinge de bronce que está a la entrada de la tumba. Yo estaba espantado, porque la gloria me había atraído, con su hermosa palma en la mano, y el Amor me llenaba con su embriaguez, y la vida era para mí encantadora y alegre como la ven las flores y los pájaros. Y ya presa de mi desesperanza, esclavo tuyo, oscuro genio Desaliento, huí de mi triste lugar de labor —donde entre una corte de bardos antiguos y de poetas modernos resplandecía el dios Hugo, en la edición de Hetzel— y busqué el aire libre bajo el cielo de la noche. ¡Entonces fue, adorable y blanca princesa, cuando tuviste compasión de aquel pobre poeta, y le miraste con tu mirada inefable y le sonreíste, y de tu sonrisa emergía el divino verso de la esperanza! ¡Estrella mía, que estás tan lejos, quién besara tus labios luminosos!

Quería contarte un poema sideral que tú pudieras oír, quería ser tu amante ruiseñor, y darte mi apasionado ritornelo, mi etérea y rubia soñadora. Y así desde la tierra donde caminamos sobre el limo, enviarte mi ofrenda de armonía a tu región en que deslumbra la apoteosis y reina sin cesar el prodigio.

Tu diadema asombra a los astros y tu luz hace cantar a los poetas, perla en el océano infinito, flor de lis del oriflama inmenso del gran Dios.

Te he visto una noche aparecer en el horizonte sobre el mar, y el gigantesco viejo, ebrio de sal, te saludó con las salvas de sus olas resonantes y roncas. Tú caminabas con un manto tenue y dorado; tus reflejos alegraban las vastas aguas palpitantes.

Otra vez era una selva oscura, donde poblaban el aire los grillos monótonos, con las notas chillonas de sus nocturnos y rudos violines. A través de un ramaje te contemplé en tu deleitable serenidad, y vi sobre los árboles negros, trémulos hilos de luz, como si hubiesen caído de la altura hebras de tu cabellera. ¡Princesa del divino imperio azul, quién besara tus labios luminosos!

Te canta y vuela a ti la alondra matinal en el alba de la primavera, en que el viento lleva vibraciones de liras eólicas, y el eco de los tímpanos de plata que suenan los silfos. Desde tu región derramas las perlas armónicas y cristalinas de su buche, que caen y se juntan a la universal y grandiosa sinfonía que llena la despierta tierra.

¡Y en esa hora pienso en ti, porque es la hora de supremas citas en el profundo cielo y de ocultos y ardorosos oarystis en los tibios parajes del bosque donde florece el citiso que alegra la égloga! ¡Estrella mía, que estás tan lejos, quién besara tus labios luminosos!

EL AÑO LÍRICO

PRIMAVERAL

Mes de rosas. Van mis rimas
en ronda, a la vasta selva,
a recoger miel y aromas
en las flores entreabiertas.
Amada, ven. El gran bosque
es nuestro templo; allí ondea
y flota un santo perfume
de amor. El pájaro vuela
de un árbol a otro y saluda
tu frente rosada y bella
como a un alba; y las encinas
robustas, altas, soberbias,
cuando tú pasas agitan
sus hojas verdes y trémulas,
y enarcan sus ramas como
para que pase una reina.
¡Oh, amada mía! Es el dulce
tiempo de la primavera.

Mira en tus ojos los míos:
da al viento la cabellera,
y que bañe el sol ese aro
de luz salvaje y espléndida.
Dame que aprieten mis manos
las tuyas de rosa y seda,
y ríe, y muestren tus labios
su púrpura húmeda y fresca.
Yo voy a decirte rimas,
tú vas a escuchar risueña;
si acaso algún ruiseñor
viniese a posarse cerca,
a contar alguna historia

de ninfas, rosas o estrellas,
tú no oirás notas ni trinos,
sino enamorada y regia,
escucharás mis canciones
fija en mis labios que tiemblan.
¡Oh, amada mía! Es el dulce
tiempo de la primavera.

Allá hay una clara fuente
que brota de una caverna,
donde se bañan desnudas
las blancas ninfas que juegan.
Ríen al son de la espuma,
hienden la linfa serena;
entre el polvo cristalino
esponjan sus cabelleras
y saben himnos de amores
en hermosa lengua griega,
que en glorioso tiempo antiguo
Pan inventó en las florestas.
Amada, pondré en mis rimas
la palabra más soberbia
de las frases de los versos
de los himnos de esa lengua;
y te diré esa palabra
empapada en miel biblea…
¡Oh, amada mía! Es el dulce
tiempo de la primavera.

Van en sus grupos vibrantes
revolando las abejas
como un áureo torbellino
que la blanca luz alegra;
y sobre el agua sonora
pasan radiantes, ligeras,

con sus alas cristalinas
las irisadas libélulas.
Oye: canta la cigarra
porque ama al sol, que en la selva
su polvo de oro tamiza,
entre las hojas espesas.
Su aliento nos da en un soplo
fecundo la madre tierra,
con el alma de los cálices
y el aroma de las hierbas.

¿Ves aquel nido? Hay un ave.
Son dos: el macho y la hembra.
Ella tiene el buche blanco,
él tiene las plumas negras.
En la garganta el gorjeo,
las alas blancas y trémulas;
y los picos que se chocan
como labios que se besan.
El nido es cántico. El ave
incuba el trino, ¡oh, poetas!
de la lira universal,
el ave pulsa una cuerda.
Bendito el calor sagrado
que hizo reventar las yemas.
¡Oh, amada mía! Es el dulce
tiempo de la primavera.

Mi dulce musa Delicia
me trajo un ánfora griega
cincelada de alabastro,
de vino de Naxos llena;
y una hermosa copa de oro,
la base henchida de perlas,
para que bebiese el vino

que es propicio a los poetas.
En el ánfora está Diana,
real, orgullosa y esbelta,
con su desnudez divina
y en su actitud cinegética.
Y en la copa luminosa
está Venus Citerea
tendida cerca de Adonis
que sus caricias desdeña.
No quiero el vino de Naxos
ni el ánfora de ansas bellas,
ni la copa donde Cipria
al gallardo Adonis ruega.
Quiero beber del amor
sólo en tu boca bermeja.
¡Oh, amada mía! Es el dulce
tiempo de la primavera.

ESTIVAL

I

La tigre de Bengala
con su lustrosa piel manchada a trechos,
está alegre y gentil, está de gala.
Salta de los repechos
de un ribazo, al tupido
carrizal de un bambú; luego a la roca
que se yergue a la entrada de su gruta.
Allí lanza un rugido,
se agita como loca
y eriza de placer su piel hirsuta.

La fiera virgen ama.
Es el mes del ardor. Parece el suelo
rescoldo; y en el cielo
el sol inmensa llama.
Por el ramaje oscuro
salta huyendo el canguro.
El boa se infla, duerme, se calienta
a la tórrida lumbre;
el pájaro se sienta
a reposar sobre la verde cumbre.

Siéntense vahos de horno;
y la selva indiana
en alas del bochorno,
lanza, bajo el sereno
cielo, un soplo de sí. La tigre ufana
respira a pulmón lleno,
y al verse hermosa, altiva, soberana,
le late el corazón, se le hincha el seno.

Contempla su gran zarpa, en ella la uña
de marfil; luego toca
el filo de una roca
y prueba y lo rasguña.
Mírase luego el flanco
que azota con el rabo puntiagudo
de color negro y blanco,
y móvil y felpudo;
luego el vientre. En seguida
abre las anchas fauces, altanera
como reina que exige vasallaje;
después husmea, busca, va. La fiera
exhala algo a manera
de un suspiro salvaje.
Un rugido callado
escuchó. Con presteza
volvió la vista de uno al otro lado.
Y chispeó su ojo verde y dilatado
cuando miró de un tigre la cabeza
surgir sobre la cima de un collado.
El tigre se acercaba.

Era muy bello.
Gigantesca la talla, el pelo fino,
apretado el ijar, robusto el cuello,
era un don Juan felino
en el bosque. Anda a trancos
callados; ve a la tigre inquieta, sola,
y le muestra los blancos
dientes; y luego arbola
con donaire la cola.
Al caminar se vía
su cuerpo ondear, con garbo y bizarría.
Se miraban los músculos hinchados
debajo de la piel. Y se diría

ser aquella alimaña
un rudo gladiador de la montaña.
Los pelos erizados
del labio relamía. Cuando andaba,
con su peso chafaba
la hierba verde y muelle,
y el ruido de su aliento semejaba
el resollar de un fuelle.
Él es, él es el rey. Cetro de oro
no, sino la ancha garra
que se hinca recia en el testuz del toro
y las carnes desgarra.
La negra águila enorme, de pupilas
de fuego y corvo pico relumbrante,
tiene a Aquilón; las hondas y tranquilas
aguas, el gran caimán; el elefante,
la cañada y la estepa;
la víbora, los juncos por do trepa;
y su caliente nido
del árbol suspendido,
el ave dulce y tierna
que ama la primer luz.
                                        Él, la caverna.

No envidia al león la crin, ni al potro rudo
el casco, ni al membrudo
hipopótamo el lomo corpulento,
quien bajo los ramajes del copudo
baobab, ruge al viento.

Así va el orgulloso, llega, halaga;
corresponde la tigre que le espera,
y con caricias las caricias paga
en su salvaje ardor, la carnicera.

Después el misterioso
tacto, las impulsivas
fuerzas que arrastran con poder pasmoso;
y ¡oh gran Pan!, el idilio monstruoso
bajo las vastas selvas primitivas.
No el de las musas de las blandas horas,
suaves, expresivas,
en las rientes auroras
y las azules noches pensativas;
sino el que todo enciende, anima, exalta,
polen, savia, calor, nervio, corteza,
y en torrentes de vida brota y salta
del seno de la gran Naturaleza.

II

El príncipe de Gales va de caza
por bosques y por cerros,
con su gran servidumbre y con sus perros
de la más fina raza.

Acallando el tropel de los vasallos,
deteniendo traíllas y caballos,
con la mirada inquieta,
contempla a los dos tigres, de la gruta
a la entrada. Requiere la escopeta,
y avanza, y no se inmuta.

Las fieras se acarician. No han oído
tropel de cazadores.
A esos terribles seres,
embriagados de amores,
con cadenas de flores
se les hubiera uncido

a la nevada concha de Citeres
o al carro de Cupido.

El príncipe atrevido,
adelanta, se acerca, ya se para;
ya apunta y cierra un ojo; ya dispara;
ya del arma el estruendo
por el espeso bosque ha resonado.
El tigre sale huyendo,
y la hembra queda, el vientre desgarrado.
¡Oh, va a morir...! Pero antes, débil, yerta,
chorreando sangre por la herida abierta,
con ojo dolorido
miró a aquel cazador, lanzó un gemido
como un ¡ay! de mujer... y cayó muerta.

III

Aquel macho que huyó, bravo y zahareño
a los rayos ardientes
del sol, en su cubil después dormía.
Entonces tuvo un sueño:
que enterraba las garras y los dientes
en vientres sonrosados
y pechos de mujer; y que engullía
por postres delicados
de comidas y cenas,
como tigre goloso entre golosos,
unas cuantas docenas
de niños tiernos, rubios y sabrosos.

AUTUMNAL

Eros, Vita, Lumen

En las pálidas tardes
yerran nubes tranquilas
en el azul; en las ardientes manos
se posan las cabezas pensativas.
¡Ah los suspiros! ¡Ah los dulces sueños!
¡Ah las tristezas íntimas!
¡Ah el polvo de oro que en el aire flota,
tras cuyas ondas trémulas se miran
los ojos tiernos y húmedos,
las bocas inundadas de sonrisas,
las crespas cabelleras
y los dedos de rosa que acarician!

En las pálidas tardes
me cuenta un hada amiga
las historias secretas
llenas de poesía;
lo que cantan los pájaros,
lo que llevan las brisas,
lo que vaga en las nieblas,
lo que sueñan las niñas.

Una vez sentí el ansia
de una sed infinita.
Dije al hada amorosa:
—Quiero en el alma mía
tener la inspiración honda, profunda,
inmensa: luz, calor, aroma, vida.
Ella me dijo: —¡Ven!— con el acento
con que me hablaría un arpa. En él había
un divino idioma de esperanza.

¡Oh sed del ideal!

Sobre la cima
de un monte, a media noche,
me mostró las estrellas encendidas.
Era un jardín de oro
con pétalos de llamas que titilan.
Exclamé: —Más…

La aurora
vino después. La aurora sonreía,
con la luz en la frente,
como la joven tímida
que abre la reja, y la sorprenden luego
ciertas curiosas, mágicas pupilas.
Y dije: —Más… —Sonriendo
la celeste hada amiga
prorrumpió: —¡Y bien! ¡Las flores!

Y las flores
estaban frescas, lindas,
empapadas de olor: la rosa virgen,
la blanca margarita,
la azucena gentil y las volúbiles
que cuelgan de la rama estremecida.
Y dije: —Más…

El viento
arrastraba rumores, ecos, risas,
murmullos misteriosos, aleteos,
músicas nunca oídas.
«El hada entonces me llevó hasta el velo
que nos cubre las ansias infinitas,
la inspiración profunda
y el alma de las liras.

Y lo rasgó. Y allí todo era aurora.»
En el fondo se vía
un bello rostro de mujer.

¡Oh; nunca,
Piérides, diréis las sacras dichas
que el alma sintiera!
Con su vaga sonrisa:
—¿Más?...—dijo el hada.—Y yo tenía entonces
clavadas las pupilas
en el azul, y en mis ardientes manos
se posó mi cabeza pensativa...

INVERNAL

Noche. Este viento vagabundo lleva
las alas entumidas
y heladas. El gran Andes
yergue al inmenso azul su blanca cima.
La nieve cae en copos,
sus rosas transparentes cristaliza;
en la ciudad, los delicados hombros
y gargantas se abrigan;
ruedan y van los coches,
suenan alegres pianos, el gas brilla;
y si no hay un fogón que le caliente,
el que es pobre tirita.

Yo estoy con mis radiantes ilusiones
y mis nostalgias íntimas,
junto a la chimenea
bien harta de tizones que crepitan.
Y me pongo a pensar: ¡Oh! ¡Si estuviese
ella, la de mis ansias infinitas,
la de mis sueños locos
y mis azules noches pensativas!
¿Cómo? Mirad:

De la apacible estancia
en la extensión tranquila
vertía la lámpara reflejos
de luces opalinas.
Dentro, el amor que abrasa;
fuera, la noche fría;
el golpe de la lluvia en los cristales,
y el vendedor que grita
su monótona y triste melopea

a las glaciales brisas.
Dentro, la ronda de mis mil delirios,
las canciones de notas cristalinas,
unas manos que toquen mis cabellos,
un aliento que roce mis mejillas,
un perfume de amor, mil conmociones,
mil ardientes caricias;
ella y yo: los dos juntos, los dos solos;
la amada y el amado, ¡oh Poesía!,
los besos de sus labios,
la música triunfante de mis rimas,
y en la negra y cercana chimenea
el tuero brillador que estalla en chispas.

¡Oh! ¡Bien haya el brasero
lleno de pedrería!
Topacios y carbunclos,
rubíes y amatistas
en la ancha copa etrusca
repleta de ceniza.
Los lechos abrigados,
las almohadillas mullidas,
las pieles de Astrakán, los besos cálidos
que dan las bocas húmedas y tibias.
¡Oh viejo Invierno, salve!,
puesto que traes con las nieves frígidas
el amor embriagante
y el vino del placer en tu mochila.

Sí, estaría a mi lado
dándome sus sonrisas
ella, la que hace falta a mis estrofas,
esa que mi cerebro se imagina;
la que, si estoy en sueños,
se acerca y me visita;

ella que, hermosa, tiene
una carne ideal, grandes pupilas,
algo de mármol, blanca luz de estrella;
nerviosa, sensitiva,
muestra el cuello gentil y delicado
de las Hebes antiguas;
bellos gestos de diosa,
tersos brazos de ninfa,
lustrosa cabellera
en la nuca encrespada y recogida,
y ojeras que denuncian
ansias profundas y pasiones vivas.
¡Ah, por verla encarnada,
por gozar sus caricias,
por sentir en mis labios
los besos de su amor, diera la vida!
Entretanto hace frío.
Yo contemplo las llamas que se agitan,
cantando alegres con sus lenguas de oro,
móviles, caprichosas e intranquilas,
en la negra y cercana chimenea
do el tuero brillador estalla en chispas.

Luego pienso en el coro
de las alegres liras.
En la copa labrada, el vino negro,
la copa hirviente en cuyos bordes brillan
con iris temblorosos y cambiantes
como un collar de prismas;
el vino negro que la sangre enciende,
y pone el corazón con alegría,
y hace escribir a los poetas locos
sonetos áureos y flamantes silvas.
El Invierno es beodo.
Cuando soplan sus brisas,

brotan las viejas cubas
la sangre de las viñas.
Sí, yo pintara su cabeza cana
con corona de pámpanos guarnida.
El Invierno es galeoto,
porque en las noches frías
Paolo besa a Francesca
en la boca encendida,
mientras su sangre como fuego corre
y el corazón ardiendo le palpita.
¡Oh crudo Invierno, salve!,
puesto que traes con las nieves frígidas
el amor embriagante
y el vino del placer en tu mochila.

Ardor adolescente,
miradas y caricias;
cómo estaría trémula en mis brazos
la dulce amada mía,
dándome con sus ojos luz sagrada,
con su aroma de flor, savia divina.
En la alcoba la lámpara
derramando sus luces opalinas;
oyéndose tan sólo
suspiros, ecos, risas;
el ruido de los besos;
la música triunfante de mis rimas,
y en la negra y cercana chimenea
el tuero brillador que estalla en chispas.
Dentro, el amor que abrasa;
fuera, la noche fría.

PENSAMIENTO DE OTOÑO

(De Armand Silvestre)

Huye el año a su término
como arroyo que pasa,
llevando del Poniente
luz fugitiva y pálida.
Y así como el del pájaro
que triste tiende el ala,
el vuelo del recuerdo
que al espacio se lanza
languidece en lo inmenso
del azul por do vaga.
Huye el año a su término
como arroyo que pasa.

Un algo de alma aún yerra
por los cálices muertos
de las tardes volúbiles
y los rosales trémulos.
Y de luces lejanas
al hondo firmamento,
en alas del perfume
aún se remonta un sueño.
Un algo de alma aún yerra
por los cálices muertos.

Canción de despedida
fingen las fuentes turbias.
Si te place, amor mío,
volvamos a la ruta,
que allá en la primavera
ambos, las manos juntas,
seguimos, embriagados

de amor y de ternura,
por los gratos senderos
do sus ramas columpian
olientes avenidas
que las flores perfuman.
Canción de despedida
fingen las aguas turbias.

Un cántico de amores
brota mi pecho ardiente
que eterno abril fecundo
de juventud florece.
¡Que mueran, en buen hora
los bellos días! Llegue
otra vez el invierno;
renazca áspero y fuerte.
Del viento entre el quejido,
cual mágico himno alegre,
un cántico de amores
brota mi pecho ardiente.

Un cántico de amores
a tu sacra beldad,
¡mujer, eterno estío,
primavera inmortal!
Hermana del ígneo astro
que por la inmensidad
en toda estación vierte
fecundo y sin cesar,
de su luz esplendente
el dorado raudal.
Un cántico de amores
a tu sacra beldad,
¡mujer, eterno estío,
primavera inmortal!

A UN POETA

Nada más triste que un titán que llora,
hombre-montaña encadenado a un lirio,
que gime, fuerte, que pujante, implora:
víctima propia en su fatal martirio.

Hércules loco que a los pies de Onfalia
la clava deja y el luchar rehúsa,
héroe que calza femenil sandalia,
vate que olvida a la vibrante musa.

¡Quién desquijara los robustos leones,
hilando esclavo con la débil rueca;
sin labor, sin empuje, sin acciones:
puños de hierro y áspera muñeca!

No es tal poeta para hollar alfombras
por donde triunfan femeniles danzas:
que vibre rayos para herir las sombras,
que escriba versos que parezcan lanzas.

Relampagueando la soberbia estrofa,
su surco deje de esplendente lumbre,
y el pantano de escándalo y de mofa
que no le vea el águila en su cumbre.

Bravo soldado con su casco de oro
lance el dardo que quema y que desgarra,
que embista rudo como embiste el toro,
que clave firme, como león, la garra.

Cante valiente y al cantar trabaje;
que ofrezca robles si se juzga monte;

que su idea, en el mal, rompa y desgaje
como en la selva virgen el bisonte.

Que lo que diga la inspirada boca
suene en el pueblo con palabra extraña;
ruido de oleaje al azotar la roca,
voz de caverna y soplo de montaña.

Deje Sansón de Dálila el regazo:
Dálila engaña y corta los cabellos.
No pierda el fuerte el rayo de su brazo
por ser esclavo de unos ojos bellos.

ANAGKE

Y dijo la paloma:
—Yo soy feliz. Bajo el inmenso cielo,
en el árbol en flor, junto a la poma
llena de miel, junto al retoño suave
y húmedo por las gotas de rocío,
tengo mi hogar. Y vuelo
con mis anhelos de ave,
del amado árbol mío
hasta el bosque lejano,
cuando el himno jocundo
del despertar de Oriente,
sale el alba desnuda y muestra al mundo
el pudor de la luz sobre su frente.
Mi ala es blanca y sedosa;
la luz la dora y baña
y céfiro la peina;
son mis pies como pétalos de rosa.
Yo soy la dulce reina
que arrulla a su palomo en la montaña.
En el fondo del bosque pintoresco
está el alerce en que formé mi nido;
y tengo allí, bajo el follaje fresco,
un polluelo sin par, recién nacido.
Soy la promesa alada,
el juramento vivo;
soy quien lleva el recuerdo de la amada
para el enamorado pensativo;
yo soy la mensajera
de los tristes y ardientes soñadores,
que va a revolotear diciendo amores
junto a una perfumada cabellera.
Soy el lirio del viento.

Bajo el azul del hondo firmamento
muestro de mi tesoro bello y rico
las preseas y galas:
el arrullo en el pico,
la caricia en las alas.
Yo despierto a los pájaros parleros
y entonan sus melódicos cantares;
me poso en los floridos limoneros
y derramo una lluvia de azahares.
Yo soy toda inocente, toda pura.
Yo me esponjo en las alas del deseo,
y me estremezco en la íntima ternura
de un roce, de un rumor, de un aleteo.
¡Oh inmenso azul! Yo te amo. Porque a Flora
das la lluvia y el sol siempre encendido:
porque siendo el palacio de la aurora,
también eres el techo de mi nido.
¡Oh inmenso azul! Yo adoro
tus celajes risueños,
y esa niebla sutil de polvo de oro
donde van los perfumes y los sueños.
Amo los velos tenues, vagorosos,
de las flotantes brumas,
donde tiendo a los aires cariñosos
el sedeño abanico de mis plumas.
¡Soy feliz! Porque es mía la floresta
donde el misterio de los nidos se halla;
donde el alba es mi fiesta
y el amor mi ejercicio y mi batalla.
Feliz, porque de dulces ansias llena,
calentar mis polluelos es mi orgullo;
porque en las selvas vírgenes resuena
la música celeste de mi arrullo;
¡porque no hay una rosa que no me ame,
ni pájaro gentil que no me escuche,

ni garrido cantor que no me llame!
—¿Sí? —dijo entonces un gavilán infame,
y con furor se la metió en el buche.
Entonces el buen Dios, allá en su trono
(mientras Satán, por distraer su encono
aplaudía a aquel pájaro zahareño),
se puso a meditar. Arrugó el ceño,
y pensó, al recordar sus vastos planes,
y recorrer sus puntos y sus comas,
que cuando creó palomas
no debía haber creado gavilanes.

SONETOS

CAUPOLICÁN

A Enrique Hernández Miyares

Es algo formidable que vio la vieja raza;
robusto tronco de árbol al hombro de un campeón
salvaje y aguerrido, cuya fornida maza
blandiera el brazo de Hércules, o el brazo de Sansón.

Por casco sus cabellos, su pecho por coraza,
pudiera tal guerrero, de Arauco en la región,
lancero de los bosques, Nemrod que todo caza,
desjarretar un toro, o estrangular un león.

Anduvo, anduvo, anduvo. Le vio la luz del día,
le vio la tarde pálida, le vio la noche fría,
y siempre el tronco de árbol a cuestas del titán.

«¡El Toqui, el Toqui!», clama la conmovida casta.
Anduvo, anduvo, anduvo. La aurora dijo: «Basta»,
e irguióse la alta frente del gran Caupolicán.

VENUS

En la tranquila noche, mis nostalgias amargas sufría.
En busca de quietud bajé al fresco y callado jardín.
En el oscuro cielo Venus bella temblando lucía,
como incrustado en ébano un dorado y divino jazmín.

A mi alma enamorada, una reina oriental parecía,
que esperaba a su amante, bajo el techo de su camarín,
o que, llevada en hombros, la profunda extensión recorría,
triunfante y luminosa, recostada sobre un palanquín.

«¡Oh reina rubia! —díjele—, mi alma quiere dejar su crisálida
y volar hacia ti, y tus labios de fuego besar;
y flotar en el nimbo que derrama en tu frente luz pálida,

y en siderales éxtasis no dejarte un momento de amar».
El aire de la noche refrescaba la atmósfera cálida.
Venus, desde el abismo, me miraba con triste mirar.

DE INVIERNO

En invernales horas, mirad a Carolina.
Medio apelotonada, descansa en el sillón,
envuelta con su abrigo de marta cibelina
y no lejos del fuego que brilla en el salón.

El fino angora blanco junto a ella se reclina,
rozando con su hocico la falda de Alençón,
no lejos de las jarras de porcelana china
que medio oculta un biombo de seda del Japón.

Con sus sutiles filtros la invade un dulce sueño;
entro, sin hacer ruido; dejo mi abrigo gris;
voy a besar su rostro, rosado y halagüeño

como una rosa roja que fuera flor de lis;
abre los ojos; mírame, con su mirar risueño,
y en tanto cae la nieve del cielo de París.

MEDALLONES

I.– LECONTE DE LISLE

De las eternas musas el reino soberano
recorres, bajo un soplo de vasta inspiración,
como un rajá soberbio en su elefante indiano
por sus dominios pasa de rudo viento al son.

Tú tienes en tu canto como ecos de océano;
se ven en tu poesía la selva y el león;
salvaje luz irradia la lira que en tu mano
derrama su sonora, robusta vibración.

Tú del faquir conoces secretos y avatares;
a tu alma dio el Oriente misterios seculares,
visiones legendarias y espíritu oriental.

Tu verso está nutrido con savia de la tierra:
fulgor de Ramayanas tu viva estrofa encierra
y cantas en la lengua del bosque colosal.

II.– CATULLE MENDES

Puede ajustarse al pecho coraza férrea y dura;
puede regir la lanza, la rienda del corcel;
sus músculos de atleta soportan la armadura…
pero él busca en las bocas rosadas leche y miel.

Artista, hijo de Capua, que adora la hermosura,
la carne femenina prefiere su pincel,
y en el recinto oculto de tibia alcoba oscura,
agrega mirto y rosas a su triunfal laurel.

Canta de los oarystis el delicioso instante,
los besos y el delirio de la mujer amante;
y en sus palabras tiene perfume, alma, color.

Su ave es la venusina, la tímida paloma.
Vencido hubiera en Grecia, vencido hubiera en Roma,
en todos los combates del arte o del amor.

III.– WALT WHITMAN

En su país de hierro vive el gran viejo,
bello como un patriarca, sereno y santo.
Tiene en la arruga olímpica de su entrecejo,
algo que impera y vence con noble encanto.

Su alma del infinito parece espejo;
en sus cansados hombros dignos del manto:
y con arpa labrada de un roble añejo,
como un profeta nuevo canta su canto.

Sacerdote, que alienta soplo divino,
anuncia en el futuro tiempo mejor.
Dice al águila: «¡Vuela!», «¡Boga!» al marino,

y «¡Trabaja!» al robusto trabajador.
Así va ese poeta por su camino
con su soberbio rostro de emperador!

IV.– J. J. PALMA

Ya de un corintio templo cincela una metopa,
ya de un morisco alcázar el capitel sutil,
ya como Benvenuto, del oro de una copa
forma un joyel artístico, prodigio del buril.

Pinta las dulces Gracias o la desnuda Europa,
en el pulido borde de un vaso de marfil,
o a Diana, diosa virgen de desceñida ropa,
con aire cinegético, o en grupo pastoril.

La musa que al poeta sus cánticos inspira
o lleva la vibrante trompeta de metal,
ni es la bacante loca que canta y que delira,

en el amor fogoso, y en el placer triunfal:
ella al cantor ofrece la septicorde lira,
o, rítmica y sonora, la flauta de cristal.

V.– SALVADOR DÍAZ MIRÓN

Tu cuarteto es cuadriga de águilas bravas
que aman las tempestades, los océanos;
las pesadas tizonas, las férreas clavas,
son las armas forjadas para tus manos.

Tu idea tiene cráteres y vierte lavas;
del Arte recorriendo montes y llanos,
van tus rudas estrofas jamás esclavas,
como un tropel de búfalos americanos.

Lo que suena en tu lira lejos resuena,
como cuando habla el bóreas, o cuando truena.
¡Hijo del Nuevo Mundo!, la humanidad

oiga, sobre la frente de las naciones,
la hímnica pompa lírica de tus canciones
que saludan triunfalmente la Libertad.

Índice